KNOW MADS

LOS TRABAJADORES DEL FUTURO

Raquel Roca

Prólogo de John Moravec

Epílogo de Margarita Álvarez

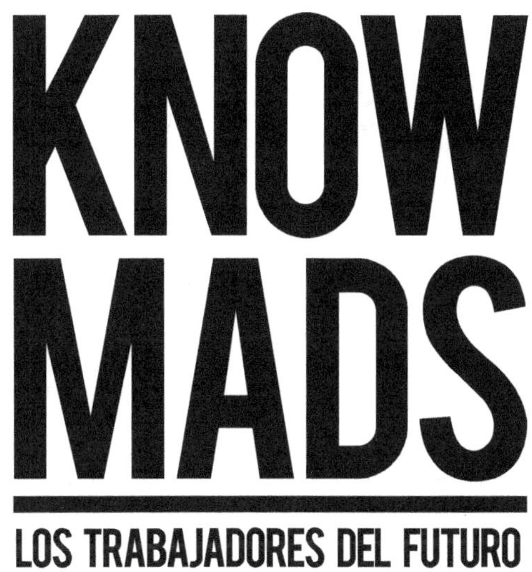

KNOWMADS

LOS TRABAJADORES DEL FUTURO

MADRID   BOGOTÁ
MÉXICO D.F.   MONTERREY   BUENOS AIRES
LONDRES   NUEVA YORK   SHANGHÁI

Colección Acción Empresarial de LID Editorial Empresarial, S.L.
Sopelana 22, 28023 Madrid, España - Tel. 913729003 - Fax 913728514
info@lideditorial.com - LIDEDITORIAL.COM

A member of: 

EAN-ISBN13: 9788417277345
Directora editorial: Jeanne Bracken
Editora de la colección: Nuria Coronado
Corrección: Antonia Dueñas
Maquetación: produccioneditorial.com
Diseño de portada: Juan Ramón Batista
Impresión: Cofás, S.A.
Depósito legal: M-20620-2018

Impreso en España / *Printed in Spain*

Primera edición: septiembre de 2015
Segunda edición: mayo de 2016
Tercera edición: octubre de 2016
Cuarta edición: julio de 2018

Te escuchamos. Escríbenos con tus sugerencias, dudas, errores que veas o lo que tú quieras. Te contestaremos, seguro: queremosleerteati@lideditorial.com

ÍNDICE

PRÓLOGO

Los *knowmads* son trabajadores del conocimiento que pueden trabajar desde cualquier lugar, en cualquier momento y con casi todo el mundo. No son valorados por el conocimiento individual que poseen, sino más bien por cómo contextualizan lo que saben para crear un nuevo valor.

Esto supone un cambio dramático sobre el concepto de trabajo en las sociedades industriales –incluso en las basadas en la información–, donde a los trabajadores se les requiere que tengan un conjunto de habilidades y conocimientos predecibles.

Hoy día, como el *software,* los robots y otras tecnologías asumen muchas de las tareas repetitivas, los trabajadores de éxito son aquellos que suman habilidades, conocimientos y perspectivas únicas a las organizaciones para las que sirven.

Los abogados, que en décadas anteriores habían sido objeto de gran demanda, se ven abocados en la actualidad a buscar nuevas carreras, ya que el *software* se hace cargo de asuntos legales que antes sólo podían gestionar manos humanas. Coches que se conducen de manera autónoma pronto reemplazarán a taxistas y conductores de camiones. Los drones prometen traer transformaciones revolucionarias en áreas que incluyen la agricultura, el transporte y la imagen, todos ellos ámbitos que tradicionalmente dependían en gran medida también de la mano de obra humana.

Incluso los más prestigiosos chefs están viendo transformaciones en su campo por la existencia de *softwares* inteligentes, como Watson de IBM, con el que pueden analizar grandes bases de datos para inventar nuevos platos.

Muchas personas se convierten en *knowmads* por elección, pasan de organización en organización o de proyecto en proyecto dando lo mejor de sí mismos. Otros son empujados a desarrollar carreras nómadas al haberse reducido sus lugares tradicionales de trabajo, sus puestos.

La categoría *knowmad* en los trabajadores incluye profesionales independientes, empresarios y emprendedores internos (empleados). Para el año 2020, prevemos que el 45% de las personas serán nómadas del conocimiento, lo que convertirá este perfil profesional en el mayor segmento de la fuerza laboral. Los *knowmads* destacan, y tú también deberías.

El camino hacia la innovación personal comienza con abrazar una vida en beta permanente, lo que no quiere decir que estamos solos en este viaje, antes bien al contrario: al adoptar los conceptos y el lenguaje de la obra nómada emergente, podemos participar en la cocreación de discusiones y acciones sobre la construcción de una sociedad en la que todos podemos crear valor significativo.

Hacer la transición al trabajo *knowmadic* puede ser muy difícil para muchos de nosotros. En este libro, Raquel Roca ofrece una mirada crítica a las transformaciones a través de las cuales nos conduce la sociedad nómada y ofrece vías y herramientas para la adaptación y liderazgo en este nuevo paradigma.

«Saltar de un acantilado conlleva una emoción extraordinaria cuando lo decides tú. Nunca sentirás esa emoción si alguien te empuja».

John Moravec
Fundador de Education Futures LLC

¿Te apuntas a ser *knowmad?*

AGRADECIMIENTOS

A todas las personas que tienen este libro entre sus manos, por su interés y deseo en mejorar su futuro y empleabilidad, por estar abiertos al cambio, por formar parte de una sociedad en tránsito que, entre todos y desde lo *co,* podemos situar en un lugar mejor.

A todos los expertos que estudian el futuro del trabajo, porque sus investigaciones nos permiten prepararnos para esta nueva realidad laboral.

A John Moravec y Margarita Álvarez. Seres inspiradores, cocreadores, *knowmads* y buenas personas. El principio y el final del libro.

A LID Editorial, por apostar por este libro. Por el entusiasmo y la profesionalidad de todo el equipo. A Nuria Coronado, por estar ahí conmigo mano a mano surfeando las olas. ¡Que vengan más curvas!

A mi familia y amigos, por estar ahí 24/7. Y por todo lo que ya sabéis.

A Eduardo, por tirar del hilo azul.

INTRODUCCIÓN

Hace varios años mi vida profesional dio un giro radical. No fue por un ascenso, ni por un aumento de sueldo, ni por un despido, ni por un ERE, ni por un cambio de empresa, ni por haberme reinventado ni tampoco por haber pasado de empleada a *freelance* o por haber emprendido con una startup. Y eso que, a lo largo de estos 25 años que llevo desarrollando mi carrera, he pasado por la mayoría de estos estadios. Lo que me cambió la vida fue que, por primera vez, tomé conciencia. Paré, miré a mi alrededor, me miré a mí misma. E hice algo que no había hecho nunca: miré al futuro; no sólo al mío, sino al futuro en general. Mi trayectoria hasta entonces, como la de la mayoría de las personas que conozco, se iba forjando en función de una concatenación de hechos, sucesos o propuestas laborales que iban llegando. Conste: no tengo queja, la mayoría fueron cosas muy, muy buenas y, las que no lo fueron tanto, me dejaron útiles lecciones de vida. Pero la mala noticia es que comprendí que nunca había tomado las riendas para decidir hacia dónde dirigir mi carrera. No tenía el gobierno de mi vida laboral: éste estaba en manos de otros, llamémosle azar.

La sensación –quizá te sientas reflejado– era como estar en un mar donde las corrientes te llevan de aquí para allá, con lo cual igual te podía caer en suerte una fantástica experiencia como que no te tocara ninguna y te hartaras de esperar, o que te llegara pero acompañada de un mal jefe, un mal sueldo o un trabajo inadecuado a tus deseos/ habilidades/capacidades/potencial (y además pensar que, con la que está cayendo, mejor aguantar). Con lo reconfortante que es ir subido en el barco, timón en mano…

Además –en esto te sentirás reflejado también–, el mundo conocido llevaba tiempo haciendo aguas a mis pies: salto bestial de lo analógico a lo digital, inestabilidad, profesiones que caducan, nuevas que emergen, una supercrisis, escasez de medios, recortes, mayor competitividad... Tocaba también lidiar con el miedo a lo desconocido, a un futuro incierto, y ese rechazo tan humano que nos provoca el mero hecho de asomar la nariz fuera de nuestra zona de confort.

Dos cosas me abrieron los ojos: descubrir el concepto de nómada del conocimiento *(knowmad)* y el de marca personal. Y con la combinación y uso de ambos, más un fuerte interés por el hacia dónde vamos *fow (future of work)*, empecé a trazar un plan B pronto convertí en mi Plan A es mi plan A. Por ello, cuando vuelva a pasar por otra contratación, otro emprendimiento... aun siendo consciente del libre albedrío y de que no existe nada sobre lo que se pueda tener un control total, hay algo que nunca será igual: mi mentalidad está mejor preparada para el cambio (es más, me parece que estamos viviendo una etapa superinteresante y llena de oportunidades para quienes estén listos) y la única persona a la que doy potestad sobre mi identidad profesional es a mí misma. Para lo bueno y para lo malo. En la salud y en la enfermedad. Con los éxitos y los intentos. Desde la responsabilidad personal pero también social, y siempre mirando hacia delante, timón en mano. Porque las mejores alianzas profesionales son las que se dan desde el ganar-ganar *(win-win)* y la igualdad. No hay nadie a quien le vaya a preocupar más el puerto en el que acabes que a ti mismo. Pero el que acabes en un puerto u otro sí puede afectar a los demás: a tu círculo, a tu entorno, a quienes te importan, a quienes quieres...

Estamos viviendo un cambio de época –que no época de cambios– profesional muy profundo, revolucionario en muchos aspectos, y que variará todavía más en los próximos años. Nacen cuestiones antes no exploradas que replantean y prevén novedades en nuestra conciencia laboral. ¿De qué modo afectará que en 2050 la media de edad de los europeos sea de 52 años frente a los 37 actuales? ¿Qué supondrá la irrupción laboral en todo el mundo de los países emergentes? Si cuanto más sube nuestro nivel de vida tanto disminuye el grado de felicidad, ¿acabaremos por esto mismo cambiando nuestros patrones de consumo para optar por economías más colaborativas? Y esto ¿cómo afectará a nuestro trabajo actual, a nuestros negocios? Que en 2033 el 66% de la población activa pertenezca a la generación milénica *(Millennial)*, con sus valores, talentos, ideales y pretensiones… ¿de qué manera afectará a otras generaciones? Recientes estudios publicados en Nesta nos aseguran que el 70% de las ocupaciones actuales tienen perspectivas muy inciertas, habiendo un 20% de empleos actuales que serán automatizados de los empleos actuales serán automatizados por máquinas, *software* y robots en los próximos 20 años, ¿es nuestro trabajo actual fácilmente sustituible? Seguirá habiendo despidos y las empresas externalizarán cada vez más, ¿estamos preparados para el autoempleo?

Lo que valía hasta ahora está en vías de extinción o transformación. Quienes no sean conscientes de por dónde pasa el futuro del trabajo (que ya es presente) y no se preparen para ello se quedarán fuera del ecosistema laboral. No es agorero, lo dicen las cifras y últimos estudios. Aun así, todavía gran parte de la población, y de las empresas, no son conscientes de ello y no están actuando en consecuencia. Parados, empleados y empleadores, emprendedores, autónomos, generación Y, X, milénicos, mandos intermedios, curritos, directivos… A todos afecta por igual este cambio, por lo que saber de qué modo va a producirse (se está ya produciendo), hacia dónde nos dirigimos, qué carreras profesionales tienen futuro y cuáles no, cómo serán las nuevas relaciones laborales —con nuevos espacios, modelos de contratación y normativas, por ejemplo—, es vital para su supervivencia. E igual de necesario es adquirir la mentalidad o cuales son las habilidades (soft & digital skills) que más nos van a demandar —y actitud— que abrirá las puertas a los profesionales y les permitirá adaptarse a la nueva realidad: la mentalidad *knowmad* (gracias John Moravec por escribir el prólogo y estar al otro lado del hilo para cocrear: es un honor).

No diré que convertirse en timonel sea un camino fácil (¿en verdad, hay algo que lo sea?), pues depender de tus propios recursos para satisfacer tus propios objetivos/deseos conlleva cierta angustia mental: la mejor o peor gestión de la incertidumbre depende de ti y pierde sentido culpar a otros de lo que te pase; ni siquiera al sistema

–¡por muy culpable que sea!– y eso resulta duro de asimilar. El ejercicio de moldear la mente para hacerla más flexible, más adaptable a la nueva realidad; el ejercicio de enterrar ciertos hábitos, ideas o costumbres; el ejercicio de pensar, autoanalizarse y reactivar habilidades interiores dormidas para hallar ventajas competitivas; el ejercicio de volverse inconformista o reformador para con el sistema (mucho más útil esto que quejarse) para obtener esa necesaria relación ganar-ganar es… intenso. Además, toca invertir horas extras frente al ordenador para digitalizarse de modo efectivo. Actividades todas ellas que, por cierto, nunca acaban. Pero las recompensas superan por mucho el esfuerzo y no hay persona ni perfil profesional –y cuando digo ninguno, es ninguno– que no pueda conseguirlo si así lo quiere. Si supieras –bueno, ahora ya lo sabes– que la Organización Internacional del Trabajo (OIT) estima que habrá millones de trabajadores desalentados por los largos períodos de paro y que no volverán al mercado de trabajo… ¿no empezarías hoy mismo a trabajar en ti para obtener la mejor (tal y como lo hemos conocido) proyección profesional?

De ello hablo en mis conferencias en mis formaciones a empresas, con esto *como* la cabeza a mis amigos y conocidos, pues siento es mi responsabilidad echar un cable a quienes –como yo hace no tanto– andan algo perdidos en este maremágnum laboral.

De ahí nace la necesidad y, confío, la utilidad de este libro.

Porque ya nada externo a uno mismo garantiza la estabilidad.

Porque ser un buen trabajador no es sinónimo de seguridad.

Porque hablar de trabajo seguro en empresa segura es una quimera.

Porque no hay caminos rectos tras las curvas, sino más curvas.

Hoy es un buen momento para parar, respirar y tomar conciencia. Y así, en la medida en que vayamos pudiendo, coger las riendas de nuestra propia vida laboral. Una última cosa: el futuro siempre resulta más brillante y fructífero cuando uno es y se rodea de buena gente. Y ahí afuera la hay a montones (gracias, Margarita Álvarez, por serlo, por tu liderazgo transformacional, por tu epílogo y por ese don para hacer brillar a los demás).

Mi deseo desde estas páginas es invitarte a comenzar el cambio para que cuando llegue el año 2030 –como muy tarde– estemos dentro de ese 45% de fuerza laboral al que no le faltará trabajo.

Nos encontramos por el camino.

«Si realmente quiero mejorar la situación, puedo trabajar en lo único sobre lo que tengo control: yo mismo».

Stephen Covey

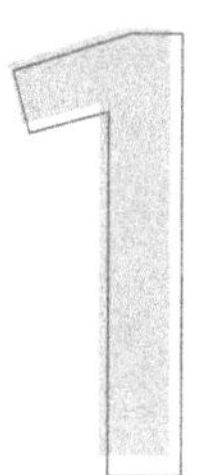

Así somos frente a Así seremos. Cómo las megatendencias transformarán el mundo

Las megatendencias que transformarán el mundo

1. Así es nuestra realidad laboral hoy

Seré sincera. Cuando en su día hice la propuesta del libro que tienes entre manos a LID Editorial, pasé un guión en el que por una cuestión de orden crono/lógico (ambas cosas) en el primer capítulo dibujaba el panorama profesional en el que estamos inmersos. En él, escribiría sobre:

- Estadísticas/cifras de la situación económica y empleo actuales.

- Datos y estudios sobre cómo están de mal psicológicamente los trabajadores de hoy en día: desilusionados, cero comprometidos, angustiados, etc.

- Panorama comparativo de la realidad laboral en otros países...

Todo, con la intención de hacer un repaso de la actualidad laboral y así incidir en lo mal que nos van las cosas y, por lo tanto, cuán necesario es lo que está por venir.

Pero cada vez que me tenía que enfrentar a esta página en blanco me entraba una pereza mortal, mientras que el resto de los capítulos me salían de corrido de lo mucho que me gustan los temas. Tanto es así, que en la entrega de previa de capítulos a la editorial pasé la introducción… y el capítulo 2, directamente. Y me salté este.

Me encantan los datos, soy fan de las estadísticas y me atraen las comparativas, pero estoy cansada de las malas vibraciones que desprenden los números con los que convivimos. Sobre todo en España. Son malos. Malas cifras. Punto.

Creo que todos, pertenezcamos al país que pertenezcamos, somos muy conscientes de la realidad profesional que nos rodea. Las carencias, la falta de expectativas, las mentiras o errores gubernamentales, la falta de innovación, la escasez de visión y un largo etcétera. No quiero seguir metiendo el dedo en la llaga de lo que ya sabemos. Prefiero, si hace falta, recurrir a los malos datos cuando esté escribiendo justo al lado cómo superarlos, y no centralizarlos todos de golpe. Por eso, este va a ser el capítulo más corto de la historia de los capítulos del desaliento, para así entrar de lleno en lo que nos interesa.

¿Que cómo es nuestra realidad laboral hoy? Deficiente.

Pon tú aquí _________________________ la palabra que prefieras.

Opto por utilizar este espacio para hablar de algo que ya está pasando, pero de lo que pocas personas son conscientes pese a tener muchísima transcendencia, por cómo nos van a afectar de lleno a nuestro futuro profesional: las megatendencias. Veamos ahora hacia dónde va el mundo en general, y en los próximos capítulos iremos desgranando cada cosa en particular. Como decía Buda (o quizá fuera Tony Soprano en su serie) y recogía uno de los cracks de mi anterior libro: «no te creas nada, no importa quién te lo diga o dónde lo oigas, a no ser que esté de acuerdo con tu propio razonamiento y tu propio sentido común». Pero partiendo de esta premisa, saber que hay cientos de personas actualmente preocupadas y, por lo tanto, estudiando y analizando las tendencias futuras, como el Club'33, un grupo de reflexión sustentado por PwC, que integra a los futuros directivos de algunas de las principales empresas españolas; espacios de debate abiertos en LinkedIn como Forum for the Future o la cadena de artículos o entradas *(post)* bajo la etiqueta #MyIndustry; el Observatorio de Innovación en el Empleo (OIE) de Adecco; investigaciones sobre innovación realizadas por entidades como el Centro Innovación BBVA o la Fundación Innovación Bankinter… Y tantos otros expertos de todo el mundo, parte de cuyos trabajos recojo en el libro. Merece la pena confiar en sus propios razonamientos y sentido común.

2. Las megatendencias: en caída libre al mundo exponencial

Hay tres megatendencias que están transformando profundamente el mundo, aunque todas ellas nacen como consecuencia de la más gorda: la revolución tecnológica. La explosión exponencial –ojo a lo de exponencial, ahora lo vemos– de las nuevas tecnologías trae consigo:

1. Globalización e hiperconectividad.

2. Tercera ola de virtualización laboral.

3. Nueva demografía: irrupción de las potencias emergentes y envejecimiento de las desarrolladas.

Son muchos los científicos, escritores, sociólogos y académicos que han estudiado este tema en profundidad (Lynda Gratton, Juan Martínez-Barea, Thomas W. Malone, Santi García, Richard Donkin, Tammy Eriksson, Peter Thomson, Alison Maitland…) y la mayoría llegan a conclusiones similares: el mundo se polariza a la vez que se igualan las oportunidades. Es decir, cada vez habrá menos zona media: clase media, sueldo medio… Por afinar, Gratton incluso augura la desaparición del gerente de nivel medio. ¿Qué supondrá esto? Que aquellos que estén arriba estarán más arriba y los que se queden abajo, estarán aún más abajo.

El mundo tendrá forma de reloj de arena.

Esto, que suena tan duro, por suerte lo suaviza la otra realidad: todas y cada una de las personas que habitan el planeta gracias a las nuevas tecnologías que llegarán en breve a los rincones más recónditos del mundo, a la globalización y a la hiperconectividad, tendrán en su mano, porque dependerá de ellos mismos, la posibilidad de formar parte del triángulo de arriba: ya no será ni su país de nacimiento, ni su condición familiar ni el entorno social el que hayan crecido el que determine su futuro. Lo de Norte (rico) y Sur (pobre) se difumina porque lo que menos va a importar para decidir quién es afortunado y a quién le tocará seguir acarreando la piedra de Sísifo es la geografía. Las oportunidades se abren a cualquiera. Son buenas noticias para la humanidad, que ya tocaba un poco de equilibrio, aunque reconozco que puede asustar a modo individual: cada uno de nosotros —y esto lo vamos a ver con detenimiento en el próximo capítulo— será absolutamente responsable de dónde vaya a acabar y de todo lo que haga (desde ya) para posicionarse laboralmente. Entramos en la era de la meritocracia. Lo sé, suena a ciencia ficción. Inevitable pensar en Tayikistán, Burundi, Sierra Leona… y sus altos índices de pobreza. Difícil imaginar que llegará un día en que estos países tengan las mismas herramientas que el resto para competir. Es más, recientes estudios, como el elaborado por el Instituto Brookings en Estados Unidos, asegura que los países más pobres tardarán 85 años en llegar al nivel educativo de los más ricos, si bien a su vez dicen que la expansión educativa se ha acelerado y que ya el 90% de los niños del planeta ha ido a la escuela para recibir educación primaria. No hay un solo país del mundo que no tenga un sistema educativo. Difícil pensar en la desaparición de la clase media, algo que sucederá primero en los países desarrollados. Imposible no pensar en Dubái, por todo lo contrario. Difícil imaginar este mundo aún más triangulado y polarizado y a la vez más horizontal, pero… Todos los expertos que analizan el *fow (future of work)* calculan que esto comenzará en 2020 y será notorio en 20 años. A más tardar. El año 2020 es ya, y en dos décadas no sé qué edad tendrás, pero es muy probable que a la mayoría de nosotros nos pille en edad de seguir trabajando, sobre todo si tenemos en cuenta que las pensiones brillarán por su ausencia y poca jubilación anticipada habrá… Por todo ello anoto megatendencias como algo serio en mi lista de prioridades a considerar.

3. ¿Por qué el detonante es el año 2020?

Porque es cuando Google vaticina que casi toda la población del mundo estará conectada a Internet. En ello anda esta multinacional con el Proyecto Loon, que tiene su propia página en línea por si te interesa saber más. Si mezclamos esto con la teoría de Dunbar, según la cual cada persona impacta en unos 150 individuos, que es el número de personas con las que se puede mantener relaciones estables + el poder de las redes sociales: impactamos en nuestros amigos, y en los amigos de nuestros amigos, etc. llegando a la supercifra de tres millones de impactos potenciales por persona, se va dibujando bastante bien el panorama de la hiperconectividad. El poder del *co* o *crowd* (subcontratación voluntaria o *crowdsourcing,* micromecenazgo o *crowdfunding,* coespacios, etc.) será imparable. Viviremos en un mundo colaborativo e hiperconectado, en el que las redes tendrán un alto valor.

Otro impacto increíble es el acceso universal a todo el conocimiento humano. Microsoft en su informe *Ciberespacio 2025* calcula que para esta fecha habrá 5.000 millones de personas conectadas por los dispositivos móviles. Teniendo en cuenta que somos 7.000 millones de humanos los que habitamos el planeta… Pues eso. Además de la propia tecnología (ya sean los globos de Loon o lo que surja) que permita el acceso a Internet a todo el mundo, variables como la existencia perfeccionada de la nube, que supondrá un bajo coste en los servicios de computación, o el precio reducido de los teléfonos inteligentes, harán posible esta digitalización global en tiempo récord.

4. ¿Cómo es posible que todo vaya a desencadenarse tan rápido, en tan poco tiempo?

Porque la aceleración tecnológica no es lineal, sino exponencial. Es decir, no sigue el mismo ritmo que ha llevado en los últimos diez o cinco años, que es lo que nuestra mente lineal espera, sino que se dispara a lo bestia. Parece ser –el español experto en empresas tecnológicas Juan Martínez-Barea es uno de los profesionales que mejor explica esto– que cuando la tecnología ya ha acumulado suficientes desarrollos y su crecimiento está disparado, hay un momento en el que explota; eso es lo que pasará en la próxima década: las tecnologías llegarán a su punto de inflexión y la aceleración tecnológica estará… eso: acelerada. Viviremos en todo su esplendor la ley de Moore que dice que cada 24 meses se duplica la potencia de los ordenadores, porque se duplican el número de transistores que pueden colocarse en un microchip; fíjate cada cuánto tiempo Apple anuncia un nuevo lanzamiento… Pues en 26 años, como dice este analista, el número de transistores que podrán colocarse en un microchip se incrementaría en 3.200 veces. No tengo la suficiente imaginación para pensar en todo lo que esto puede suponer (debería haber leído más a Asimov) pero biotecnología, robótica y nanotecnología serán los grandes beneficiados de esta revolución tecnológica, y a todos nos va a cambiar muy mucho la vida. Entre otras cosas, por ejemplo, porque una significativa cantidad de trabajo será realizado por robots. Existirán miles de millones de asistentes cognitivos que se dediquen a monitorizar y recoger información de las personas sobre sus preferencias y comportamientos, tomando decisiones de compraventa a todos los niveles… sin ayuda humana. La pregunta es: ¿es nuestro trabajo actual fácilmente sustituible por un robot o por un *software?*

El problema que tenemos es que cuando imaginamos el futuro del trabajo lo hacemos también desde nuestra mente lineal, pero la transformación que va a experimentar es exponencial, en cuanto que está todo ligado a las nuevas tecnologías. No hay más que pensar en las nuevas profesiones que se han creado de unos pocos años a esta parte, como especialista en posicionamiento en buscadores (SEO por el inglés *search engine optimization specialist),* diseñador de aplicaciones, especialista en macrodatos (Big Data)… Y las muchísimas nuevas que van a nacer; parte de ellas –pues de la mayoría no tenemos ni idea cuáles serán– las trataremos más adelante en el libro.

5. Tercera ola de virtualización laboral

Si en 2020 como hemos visto la hiperconectividad explota, algo que también sustentan los informes de movilidad de Ericsson, y esto se traduce en que casi la totalidad del mundo estará conectado, la transformación que eso supondrá para empresas, profesionales, emprendedores, empleadores y empleados es radical. Todo aquel que quiera tendrá acceso a la información/conocimiento que existe en la red y, por lo tanto, a formarse (la educación informal sube puntos frente a la oficial), a optar por un trabajo y, por consiguiente, competir –pero también colaborar–, así como a influir desde cualquier rincón del planeta Tierra. La venta de nuestros productos y servicios, de nuestro trabajo, también será internacional. Ya no importa de dónde seas, la geografía, sino el talento que tengas, la visibilidad en línea que ofrezcas para que te encuentren o encontrar y el esfuerzo personal que pongas por ser mejor y destacar. Adiós al dedazo, entre otras cosas. Bienvenida la marca personal digital. La competencia es global, pero el poder es individual. El número de personas sin ataduras ha aumentado de manera exponencial (si antes no usabas mucho esta palabra, prepárate ☺). Por ejemplo, actualmente en IBM más del 45% de sus 400.000 contratistas y empleados trabajan de forma remota. Estamos viviendo lo que Gratton denomina «tercera ola de virtualización» (un poco más adelante trataremos esto, así como las dos primeras olas) en la que los trabajadores *knowmads* serán protagonistas.

6. La nueva demografía: cambios en el capital humano

Los que vivimos en los llamados países desarrollados nos hacemos viejos. De dos maneras. Por un lado, la calidad de vida y avances en tecnología y medicina hace que estamos en los albores de la vida de 100 años; vamos a vivir –y si no nosotros, nuestros hijos, en concreto los nacidos alrededor de 2010– la tira de tiempo. Esta larga esperanza de vida trae consigo nuevas oportunidades pero, sobre todo, nuevos retos. Tocará cuestionarse aún más profundamente temas como la de la edad de jubilación, cómo facilitar el empleo a los mayores de 65 años… reflexionar acerca del aprovisionamiento de las pensiones… ¿Estamos preparados para trabajar hasta los 80 años? ¿Están nuestras empresas listas para tener octogenarios entre sus filas? Sí, ya sé la respuesta. Éste va a ser uno de los cambios en capital humano jamás imaginado. Además, la escasa natalidad hace que demográficamente seamos sociedades viejunas. En 2050 una de cada tres personas del mundo desarrollado estará cobrando una pensión. Huele a problemas. Por cada 100 menores de 16 años ya hay en España 118 mayores de 64. Y lo que es peor, para el 2020 los mayores de 65 supondrán el 30% de la población. En toda Europa la población en edad de trabajar se prevé que disminuya en un 10%; es decir cerca de 50 millones de personas para el año 2030. Por fortuna la esperanza de vida también ha aumentado en 20 años en los países en vías de desarrollo, algunos de los cuales por cierto pasarán a ser las primeras potencias del mundo. Según un estudio elaborado por Brookings Institution, el número de personas viviendo en pobreza extrema ha descendido en los últimos años en 600 millones. No es suficiente, pero este descenso también será exponencial, en parte por el impulso fortísimo de la energía solar en detrimento del petróleo. Para las familias de África, por ejemplo, ya resulta más barato instalar un panel solar que pagar el gasóleo que tradicionalmente usan para los generadores. El tema promete.

Y una cosa más, relacionada con todo lo anterior: más de 4.000 millones de personas del mundo emergente irrumpirán en la primera línea de la competencia laboral mundial. Esto a lo que huele es a cambios en el poder político y económico de gran magnitud. Según el Euromonitor International y World Economic Outlook (ONU), en el año 2020 las primeras potencias serán, por este orden (en el blog.euromonitor. com podéis encontrar toda la información por si estáis interesados):

1. China.

2. Estados Unidos.

3. India.

4. Japón.

5. Rusia.

6. Alemania.

7. Brasil.

8. Reino Unido

9. Francia

10. México.

11. Corea del Sur.

12. Indonesia.

13. Italia.

14. Canadá.

15. España.

Por cierto que en las previsiones para 2050 España ni aparece en la clasificación. En sólo cinco años, siete países pertenecientes a lo que antes llamábamos emergentes pasarán a formar parte de las doce grandes potencias.

¿En qué radica su fuerza? En gran parte en que están superpoblados. De ahí la cifra que dibuja Martínez-Barea de 4.000 millones, que es el resultado de sumar las poblaciones de estos siete países, más los del grupo Netx 11: denominación usada por el banco de inversiones Goldman Sachs para denominar a once países que se presentaban como economías promisorias para la inversión y para un futuro crecimiento económico; algunas ya han dado el salto a primera potencia pues estas previsiones se hicieron en 2005. Estos países son México, Filipinas, Vietnam, Egipto, Turquía, Irán, Corea del Sur, Nigeria, Irán, Pakistán y Bangladés.

¿Qué traen consigo? Personas dispuestas o acostumbradas a trabajar más que los pertenecientes a los países más aburguesados, y por un sueldo menor. ¡Ay! Pero pensemos en positivo: también son potenciales clientes, socios, o *copartners* y, por lo tanto, un mercado interesante y amplísimo para nuestros productos o servicios. Y quienes nos harán ponernos las pilas definitivamente.

Así es el mundo que viene: tecnológico, global, social, hiperconectado, exponencial, competitivo, equilibrado, polarizado, meritocrático, multicultural, líquido, en constante cambio… Y con forma de reloj de arena: arriba quienes sean conscientes del cambio, estén preparados y sean proactivos; abajo, los reactivos y quienes se queden anclados en el pasado.

«El conocimiento es poder».

Francis Bacon

Del *hardware* al *software:* vivimos en una sociedad líquida en la que todo está cambiando

Sociedad líquida: del *hardware* al *software*

1. *Be water, my friend*

¿Recuerdas esta famosa frase de Bruce Lee? Pues nunca había cobrado tanto sentido como hasta ahora. Esto es lo que este actor y especialista en artes marciales, pero también escritor y filósofo, nos recomendaba:

«Vacía tu mente.

No tengas forma, ni figura. Como el agua.

Si pones agua en una taza, se convierte en la taza.

Si pones agua en una botella, se convierte en la botella.

Si la pones es una tetera, se convierte en la tetera.

El agua puede fluir o puede golpear.

Sé agua, amigo mío».

Lo que el Pequeño Dragón probablemente no sabía (por cierto te recomiendo leer *Bruce Lee. El guerrero de bambú* si te interesa su vida y filosofía) es que esta sociedad del siglo XXI se acabaría tornando líquida, y que, por lo tanto, sus palabras no sólo eran inteligentes sino proféticas. Cuando el mundo se entiende y expresa de forma fluida, lo sensato, aunque sea por pura supervivencia, si bien es mejor que sea la prosperidad lo que nos mueva, es abandonar las posturas rígidas y transformarnos en seres moldeables, flexibles y adaptables.

Pero, vamos por partes, ¿qué se entiende por sociedad líquida? Para explicarlo hay que recurrir al trabajo de un gran pensador, el sociólogo Zygmunt Bauman, premio Príncipe de Asturias de Comunicación y Humanidades 2010. Él es quien acuña por vez primera este término en su libro *Modernidad líquida,* el cual (no deja de asombrarme) parece estar escrito antes de ayer a pesar de tener ya más de una década. Si bien una de sus lecturas puede ser la de «flagelo del capitalismo salvaje», el análisis y reflexión que hace de la sociedad del pasado (la industrial) y la presente, es tan actual como argumentada y certera, sin importar del lado político/humanista desde el que se lea.

2. Sociedad industrial frente a Sociedad de la información

Bauman define la sociedad industrial (principios del siglo XX, auge de las fábricas como cadena de producción, profesionalización de las ciencias prácticas, jerarquización) como pesada/sólida/condensada/sistémica. *Hardware.*

Frente a ella, la sociedad actual, de la información (siglo XXI, auge de las tecnologías, movilidad, globalización, estructura en red) como liviana/líquida/difusa/rectificada. *Software.*

Los fluidos, como los líquidos o gases, a diferencia de los sólidos, no conservan fácilmente la forma y están en constante cambio. Fluyen. No es posible detenerlos; por eso metafóricamente el término «líquido» funciona tan bien para describir la naturaleza de esta etapa de la historia en la que nos encontramos inmersos.

La disolución de lo sólido es un rasgo común a la modernidad. Ya en 1999 el sociólogo alemán Ulrich Beck hablaba de «segunda modernidad» y describía las instituciones zombis, esas que están muertas y todavía vivas: la familia, la clase social y el vecindario eran algunas de ellas. El ejemplo de la familia es bastante significativo: ¿qué entendemos hoy por familia? Difícilmente encajen en el concepto estándar todas estas posibilidades que existen actualmente: monoparental, nuclear, ensamblada, homoparental, extensa, acogedora… Gobiernos y todo tipo de organismos, como los de adopción, por ejemplo, se ven obligados a cambiar sus leyes –y por lo tanto a moldear su mentalidad– para acoger y dar cabida a lo que hasta hace nada era mucho más sencillo: padre, madre, hijos. Pues bien, pese a estar bien entrados en el siglo XXI todavía quedan rasgos, especialmente en el ámbito profesional, propios de la era industrial: zombis pero aún vivos. Por eso es importante mirar al pasado, entender qué reminiscencias quedan e identificar aquello que se está quedando obsoleto y acabará desapareciendo para así poder modificarlo, transformarlo y modernizarlo. O para salir por patas –o empezar a activar ya el plan B– si aún estás trabajando en un lugar pasado de moda… en el sentido menos light de la expresión.

Quizá esto te resulte conocido: empresa u oficina uniforme y homogeneizante en el que las identidades están borradas y los espacios son grises, piramidal (hiperjerárquica), con tendencia al totalitarismo (los de arriba están en posesión de la verdad y a los de abajo no se les escucha), en la que la productividad se confunde con presencialidad (calentamiento de silla). Podría ser la perfecta descripción de una fábrica fordista… y también la de unas cuantas empresas de hoy en día.

Henry Ford fue el paradigma de esta mentalidad industrial. Vaya, de hecho es quien da nombre a esta corriente. Si has leído *Un mundo feliz* de Aldous Huxley recordarás cómo el escritor ironiza sobre el omnipoder de este empresario, comparándole con Dios, hasta el punto de que la trama transcurre en el siglo VII d. F. (después de Ford).

Que levante la mano quien no haya sufrido a su dios laboral particular…

¿Qué es lo que caracteriza al fordismo? Tal como lo describe la Wikipedia:

- Aumento de la división del trabajo.

- Profundización del control de los tiempos productivos del obrero (vinculación tiempo/ejecución).

- Reducción de costos y aumento de la circulación de la mercancía (expansión interclasista de mercado) e interés en el aumento del poder adquisitivo de los asalariados (clases subalternas a la élite).

- Políticas de acuerdo entre obreros organizados (sindicatos) y el capitalista.

- Producción en serie.

Las fábricas fordistas, creadas a imagen y semejanza de la Ford Motor Company de 1903, en palabras de Zygmunt Bauman:

> «Reducían las actividades humanas a rutinarios movimientos que debían seguirse de manera obediente sin intervención de las facultades mentales y manteniendo a raya todo sesgo de espontaneidad e iniciativa individual».

El porqué se mantienen en el tiempo, lo explica muy bien Geoffrey Moore –autor y asesor de compañías emergentes– en el artículo «La naturaleza de la empresa (75 años después)», publicado en 2015 en el libro *Reinventar la empresa en la era digital,* y al que volveremos más profundamente en el capítulo sobre las empresas con futuro. Moore dice:

> «En el período comprendido entre 1965 y 1990, las economías occidentales desarrolladas vivieron una expansión económica prolongada que respondía principalmente al aumento de la demanda interna de medios modernos de producción industrial y de productos de consumo de mayor calidad. La demanda, por lo general, superaba a la oferta y ponía así todo el poder económico

en manos de cualquiera que dispusiera de capital para invertir. La empresa de éxito por antonomasia entonces era una compañía integrada verticalmente, dirigida por una jerarquía de ejecutivos y directores que respondían a un paradigma de cadena de mando bien conocido por la mayoría de los implicados, ya que todos ellos habrían tenido contacto con instituciones como el Ejército, la Iglesia o con organismos oficiales».

Parece mentira, pero aún muchas empresas operan bajo estas directrices, como corrobora uno de los grandes expertos en innovación y nuevas tecnologías de España, Rodolfo Carpintier. Este *business angel,* presidente de DAD –primera incubadora española de negocios en Internet y tecnología 2.0– es fulminante: «la mayoría de las empresas son del siglo XX. Está todo por hacer». Hasta sitios donde teóricamente se trabaja con la creatividad y el conocimiento actúan a día de hoy como empresas fordistas (aunque le pongan nombres modernos como *pull).* Con la excusa de la crisis –y probablemente por la inexistencia de un liderazgo preparado y con recursos modernos– reducen los costos (eliminando plantilla pero sin a su vez externalizar trabajo de modo coherente para mantener la calidad del producto/servicio, que es lo que al final hace que te compren o dejen de comprar), fiscalizan las horas de trabajo de sus empleados (control de los tiempos productivos del obrero), pervierten el uso de las jerarquías (a veces usando políticas de terror, amenazando con despidos), producen en serie (no hay lugar porque tampoco hay tiempo –ni ganas– para la reflexión, innovación, creatividad) y espantan al talento (crece la mediocridad). Claramente, aunque el sistema fordista las haga aguantar algunos años básicamente por el recorte, estas empresas están abocadas a la extinción. En los próximos capítulos analizaremos en detalle cómo son las empresas que sí tienen futuro.

3. La esencia de la sociedad líquida: la movilidad (nomadismo)

Henry Ford es, como hemos visto, el mejor representante de lo sólido, pesado y predecible. Pero también de un concepto clave –por antagónico– en este libro: el inmovilismo. Seguramente hayas escuchado alguna vez esta historia, que cuenta cómo el empresario duplicó el salario de sus obreros con este argumento: «quiero que mis obreros ganen lo suficientemente bien para que compren mis autos». Y sí, quería que todo quedara en casa y sus trabajadores compraran los propios coches que fabricaban; rápido retorno de la inversión, esto no podemos negárselo. Pero su objetivo último era evitar que los obreros rompieran las cadenas y se fueran a trabajar a otros sitios. Tu carrera laboral empezaba y acababa ahí dentro: si no te ataba lo suficientemente fuerte la parte de abajo de la pirámide de Maslow ya se encargaba él de atraparte con un mejor salario. ¿Y esto por qué? Porque la movilidad era el mayor enemigo del empresario/capitalista de esa época. Por un lado la supervivencia de los trabajadores dependía de que fueran contratados. Pero, por otro, los dueños del capital dependían absolutamente de la mano de obra. Cuanto mejor les iba la cosa, más espacio físico ocupaban con sus fábricas y más obreros tenían a su cargo.

Para los trabajadores, y esto a los que nacimos y desarrollamos parte de nuestra carrera laboral en el mundo analógico nos sonará familiar, la perspectiva laboral ideal se contemplaba dentro de la misma empresa. Que todo empezara y acabara en el mismo lugar. Mi abuelo, por ejemplo, se jubiló con el reloj de oro tras toda una vida en el mismo sitio: Ministerio de Trabajo para más inri. Mis padres –durante una época, no les duró mucho– creían en la estabilidad que podía ofrecerme una gran empresa o multinacional, porque estas no cierran. La sociedad, el sistema, inculcó en nuestra mente los beneficios de subirse a la escalera mecánica por la cual ibas escalando puestos y sueldo plácidamente en el mismo sitio a lo largo de los años hasta llegar a… Bueno, nunca lo sabré(mos). Cierto es que antaño, aunque no fueran inmortales, las empresas casi siempre sobrevivían legalmente a sus empleados. Ahora, el panorama es bien distinto.

La mentalidad a largo plazo era común tanto para empleadores como empleados, que sabían que sus vidas estarían entrelazadas por mucho tiempo; de ahí que acabaran surgiendo todo tipo de agrupaciones –sindicatos, Confederación Española de Organizaciones Empresariales (CEOE), etc.– que velaran tanto por los intereses de unos como los de otros, en un siempre –¡ejem!– tenso estado de convivencia. Antes había que ordenar y supervisar a los trabajadores para controlar el proceso de trabajo; esto ponía al capital y al trabajo frente a frente y los obligaba a mantenerse unidos para bien o para mal. El resultado era bastante conflictivo, pero como dependían unos de otros, buscaban la manera de adaptarse y poder cohabitar. ¿Consecuencias de este compromiso forzado? La revolución y el estado de bienestar. No hace falta hacer un repaso al estado de la nación para –crisis, reformas laborales, algún que otro caso de corrupción y la propia evolución tecnológica mediante– ver cómo andan actualmente las cosas… La relativa estabilidad que se vivió durante años ha acabado como el rosario de la aurora. Y es que, como explica Bauman, «los matrimonios laborales del tipo "hasta que la muerte nos separe" han pasado a la historia por el interés de ambas partes». Bien gestionado, ambos lados de la ecuación salen ganando no casándose para siempre, pese que aún quedan reminiscencias en muchas personas de este ideal de trabajo eterno. Las carreras ya no son verticales, sino líquidas. No son largas, sino cortas, a veces desarrollándose consecutivamente en lugares distintos e incluso a la vez: pluriempleo, multitarea, *moonlighter* (desempeñar una actividad como *freelance* además de un trabajo habitual para complementar los ingresos)…

La movilidad, la flexibilidad, la globalización o trabajo por proyecto o colaboración, conceptos cien por cien nómadas, son ahora y, más aún en el futuro, valores en alza. Pero ojo: eso no disminuye ni empobrece (insisto, si se hacen bien las cosas, desde el ganar-ganar) el compromiso por parte del empleador y del empleado en los años –o tiempo– que de mutuo acuerdo quieran colaborar juntos.

Contratos renovables, por obra, colaborativo… Dicen algunos estudios que los jóvenes con cierto nivel de educación cambiarán de trabajo hasta once veces a lo largo de su vida. Tiene sentido, sobre todo si pensamos en los motivos teóricos –recalco lo de teóricos– por los que las elecciones en política en muchos países son cada cuatro años y que también podría aplicarse a lo laboral: tiempo suficiente para llevar a buen puerto los planes y seguir ilusionado, pero no excesivo para dormirse en los laureles ni acabar quemado. Si una vida laboral pongamos dura hasta los 67 años –si seguimos la tabla actual de jubilación del Ministerio de Empleo y Seguridad Social en España, esa será la edad de jubilación en el 2027– y empezaste a trabajar con 23, edad de media en la que nos licenciamos, esto nos da 44 años trabajando. 44 entre 4 = 11. Ahora bien, la probable inexistencia futura de las pensiones, más la necesidad de buscarse la vida bastante antes de los 23, sin duda sumarán muchos más años a nuestra existencia en activo.

El trabajo nómada por supuesto no lo abarcará todo, pero sí será una de las mayores fuerzas laborales en los próximos años porque así lo querrán empleadores y empleados. Lo bueno del perfil nómada (más adelante lo estudiamos) es que aporta cosas positivas tanto si se trabaja por cuenta ajena como si se pertenece a la plantilla de una empresa. Hoy, quien empieza una carrea en Microsoft no sabe dónde la terminará.

Frente a Ford, la sociedad líquida elige a Chesky, Gebbia y Blecharczyk (fundadores de Airbnb).

4. El conocimiento es el nuevo capital

¿Por qué crecerá y se valorará tanto esta movilidad, que trastoca de manera tan profunda el concepto del trabajo?

Hay varios motivos:

1.º Porque la principal fuente de ganancias, el capital del presente/futuro, son cada vez más las ideas y menos la mano de obra (decae la manofactura). Según el informe «El empleo en 2030», publicado en Nesta (2018) por los profesores Karl Frey y Michael Osborne de la Oxford Martin School (Reino Unido) el 20% de los empleos actuales serán automatizados en los próximos 20 años; y el 70% son inseguros (o inestables, porque deberán evolucionar). Es decir, que sólo habrá personas trabajando donde no existan algoritmos (máquinas, programas, robots) que puedan hacerlo mejor. El conocimiento y, por lo tanto, los *knowmads,* los trabajadores del conocimiento, tendrán menos riesgo de ser sustituidos. Como dice Bauman, estamos en «una especie de era capitalista hambrienta de conocimientos». O lo que es lo mismo: sociedad de la información.

Otra manera de verlo, gráficamente, es a través de la división del trabajo que ya en 1991 hizo Robert Reich y que se mantiene bastante vigente. Este profesor y economista estadounidense dividía a los trabajadores en cuatro grupos:

1. Los manipuladores de símbolos: son las personas que inventan las ideas y quienes les dan forma para hacerlas deseables y atractivas en el mercado.

2. Los encargados de la reproducción del trabajo: educadores y funcionarios del estado, por ejemplo, entrarían aquí.

3. Personas que dan servicios personales: requiere un encuentro cara a cara con los destinatarios: vendedores de productos, comerciales… Lo del cara a cara obviamente ha cambiado en parte por el *face to Facebook*.

4. El sustrato social del trabajo: pertenecientes a la cadena de montaje o trabajos más automatizados.

Los trabajadores de la base de la pirámide son los que más riesgo de desaparición tienen. Son las piezas más prescindibles y sustituibles por los algoritmos. En el vértice de la misma están –entre otros– los *knowmads:* no importa dónde estén físicamente, no poseen tierras ni ocupan cargos administrativos, pero tienen una gran riqueza: su conocimiento. La mentalidad nómada es positiva para cualquier grupo profesional –no se trata de que todo el mundo haga lo mismo, no tendría sentido– porque te da herramientas para evitar ser sustituido y adquirir más valor y ventajas competitivas.

2.º El conocimiento, gracias sobre todo a las nuevas tecnologías, no necesita de un espacio físico. Hablamos de la tercera ola de virtualización laboral. No es necesario que la persona ocupe un lugar, que tenga presencia, sino que puede hacer viajar su trabajo e ideas a través de la red; basta una conexión wifi y un dispositivo, como ordenador, tableta, teléfono inteligente, para trabajar virtualmente desde cualquier lugar; la presencialidad es eliminada, lo cual a su vez empuja a las empresas a cambiar el diseño y estructuras de sus espacios físicos. Ahora el capital viaja en un simple teléfono inteligente y puede hacer escala en cualquier parte, el tiempo acordado.

3.º Esta descarnalización (el conocimiento, el ingenio, el talento, no necesita del resto del cuerpo físico) ayuda a otro factor importante: el de la globalización. La contratación del conocimiento seguirá atravesando fronteras, lo cual a su vez potenciará la diversidad en las empresas o grupos de trabajo. Pero también hará aumentar la competitividad, como vimos en las megatendencias del capítulo anterior.

Hay una ruptura total entre espacio-tiempo: hoy el poder se mueve a la velocidad de la señal electrónica y es extraterritorial.

Hemos pasado de la época del *hardware* a la del *software:*

- *Hardware:* obsesión por lo pesado, lo grande, el tamaño es sinónimo de poder y éxito; importa la propiedad privada, defensa de lo opaco. Todo se evalúa según lo tangible, por lo que pesa y ocupa. El tiempo rutinario ata el trabajo al suelo y la pesadez de la maquinaria más la mano de obra permanente fijan el capital. Sólido.

- *Software:* formas organizativas más laxas que puedan acompañar al flujo y donde la organización empresarial busca –porque se le exige– la transparencia; lo liviano, lo fácilmente transportable es lo deseable; el capital nace del talento y el conocimiento individual aportado a lo social. Líquido.

5. ¿Cómo afecta esto tanto a empleados como empleadores?

El impacto en la condición existencial humana es brutal, y precisamente por ello es tan importante lo primero, tomar conciencia, algo que ya estás haciendo al leer este libro; lo segundo, prepararse: reflexionar sobre la propia gestión del cambio, en la manera de reorganizarse, reinventarse, actualizarse… Y, por último, actuar: poner en marcha el plan B. Todo esto es lo que trataremos a lo largo del libro.

Quizá una de las cosas que más nos cuesta entender a los seres humanos es la del no espacio. O visto de otra manera, estamos acostumbrados a lo tangible, a tocar, a tener nuestro despacho, nuestra mesa, nuestra taza. A ejercer una rutina fisiológica y rodearnos de puntos de referencia: el edificio, la oficina, el bar del café. A algunos empresarios, directivos, jefes intermedios, etc. aún les gusta ver al empleado porque piensan que de esa manera se le tiene controlado y, por lo tanto, controlada su productividad. Y muchos empleados se sienten seguros, aunque no aprecien los modos ni la vigilancia, en este discurrir tangible. Se sienten protegidos si conservan su mesa, su silla, su taza. ¿Todo esto en qué se traduce? En que se trabaja en un estado de contradicción. Por un lado, crece la cultura de la queja por parte del empleado al que no le gusta cómo es tratado pero teme al mismo tiempo salir de dicha situación; y, por otro, la empresa, a la vez que saca del núcleo de trabajo cualquier miembro que no sea indispensable (despidos, expedientes de regulación de empleo (ERE), reducciones) intenta secuestrar y duplicar las horas de los trabajadores con los que se queda. Deshacerse de la mano de obra, reducir, recortar, cerrar, vender… es el pan nuestro de cada día. En la sociedad española, sin duda, pero también en muchos otros lugares europeos y países latinoamericanos. Todo lo que no sea suficientemente eficiente –y la supervisión de una plantilla grande es costosa–, fuera. Al igual que el antiguo capitalismo se obsesionaba por conservar la mano de obra –forzándola o sobornándola– para que permaneciera en su puesto y cumpliera con los horarios de producción establecidos, todavía algunas empresas someten a este mismo trato industrial a los privilegiados que no han echado. Los que se van fuera, se van de manera definitiva. Y los que se quedan, lo hacen bajo presión por miedo al despido y sometidos a cargas de trabajo muchas veces insostenibles, asumiendo el de quienes ya no están. El problema de las empresas sin futuro es precisamente que promueven, al mismo tiempo, movilidad e inmovilidad forzosa. La extinción será el precio a pagar por usar como únicos parámetros el de la reducción y presión, en vez de innovar en las nuevas maneras de trabajar para los de dentro y generar cohesiones y nuevas fusiones laborales para con externos, que quizá bien podrían haber servido para los expulsados del paraíso.

Como todo en esta vida, hay procesos paulatinos, términos intermedios, maneras de saciar esa natural necesidad de tocar y estar en contacto que tenemos los seres humanos, con los nuevos procesos líquidos laborales. Lo virtual puede y debe convivir en armonía con el 1.0. Lo que es seguro es que la externalización –confiemos en que bien entendida y trabajada– se irá imponiendo en los próximos años, así como los trabajos colaborativos o por proyectos. Porque a la empresa le sale más rentable y le permite más agilidad para innovar y transformarse el no tener grandes plantillas ni estructuras jerarquizadas –así como no mantener costosos espacios físicos– y porque el empleado cada vez más, sobre todo generaciones jóvenes, elige valores como la conciliación, satisfacción, bienestar, realización o libertad frente a sueldo, estabilidad y seguridad. La agilidad es también un punto positivo para el trabajador: los que se acercan a la instantaneidad de movimiento, quienes se mueven y actúan rápido, son ahora las personas elegidas. Como nos cuenta Bauman:

> «Si bien durante décadas los nómadas (territoriales) fueron perseguidos y maltratados –por su desprecio a las preocupaciones territoriales de los legisladores e ignorar sus fanáticos esfuerzos por establecer fronteras– ahora es el turno de su *vendetta:* estamos asistiendo a la venganza del nomadismo contra el principio de territorialidad y sedentarismo».

Por algo ya en el siglo XIV el filósofo e historiador tunecino de orígenes sevillanos Ibn Khaldoun (Abenjaldún para los duros de oído patrios) alababa el «nomadismo que hace que los pueblos se acerquen más a la bondad que los sedentarios, porque están más alejados de los malos hábitos que han infectado los corazones sedentarios».

Volviendo al presente, aunque hay bastante movilidad forzosa todavía, son muchas las personas que eligen el nomadismo voluntariamente como forma de vida; se está generando un gran espacio para ellos. Aprender a transformarnos en autoempleados o adquirir esta mentalidad, nos ayudará a salir bien parados en estos nuevos noviazgos laborales venideros, en los que el anillo de compromiso para siempre brillará por su ausencia.

Otro gran reto al que tenemos que enfrentarnos es al de la propia libertad; más aún si te empujan a ser libre. Liberarse significa, literalmente, deshacerse de las ataduras que impiden o constriñen el movimiento, sentirse libre de actuar y moverse. Convertirnos en seres líquidos. Como dijo David Conway *(Classical Liberalism: the Unvanquished Ideal, St. Martins's Press 1955)* y Bauman recoge en su libro: «la felicidad general se promueve de manera efectiva manteniendo en los adultos la esperanza de que cada uno dependerá de sus propios recursos para satisfacer sus propios deseos». Pero depender de los propios recursos para satisfacer los propios deseos nos augura la agonía mental de la indecisión, y que el peso de la responsabilidad recaiga sobre tus propios hombros provoca miedo. Miedo al riesgo y al fracaso. Ansiedad, inseguridad, incertidumbre y desprotección son palabras a sumar a nuestro vocabulario, y por ello la gestión del cambio ocupa aquí un capítulo entero. El mundo actual nos ofrece una enorme colección de posibilidades y oportunidades que aún deben de encontrarse: el 70% de los bebés de hoy trabajará en profesiones que todavía no se han inventado, rezan algunos titulares, o que ya se han perdido (ojo a quienes estéis en la parte baja de la pirámide). Nos gusta pensar que el Gran Hermano desaparece, pero nos incomoda ser conscientes de que tampoco hay un hermano mayor que nos proteja o decida por nosotros. La frase «en el mundo del desempleo estructural nadie puede sentirse verdaderamente seguro» es totalmente cierta. Toca acostumbrase a un estado de desorientación constante, a viajar por caminos de dirección desconocida, sin saber qué nos espera tras la próxima curva. Lo que está claro es que no nos encontraremos una recta, sino más curvas.

6. Una mirada en positivo

Esa misma libertad que nos angustia viene acompañada de transformaciones superpositivas. Permite, por ejemplo, que el mundo en el que unos pocos dirigían se esté convirtiendo en otro en el que muchos lideran, aconsejan, acompañan. La autoridad cada vez es menos impuesta y más elegida; las nuevas tecnologías sobre todo ayudan a que seamos nosotros mismos quienes decidamos qué entendemos por líder, y a quién le damos dicha autoridad (influenciadores, expertos, personajes…). Es la comunidad la que otorga, y sólo nos convencen quienes son transparentes, fiables, generosos y profesionales. La credibilidad, en una época en la que todo se sabe, es la posesión más valiosa de la empresa, pero también del trabajador. Llega la meritocracia, para todos, seamos de donde seamos.

Pocas cosas están predeterminadas, es cierto, pero tampoco nada es irrevocable y ningún fracaso es definitivo, pues lo líquido se puede moldear y corregir.

A diferencia de la opinión que tiene el autor de *Modernidad líquida*, que dibuja la individualización como una de las grandes lacras de esta era, yo creo que una de las grandes bendiciones de este tiempo es la posibilidad de trabajar, vivir, pensar, sufrir, triunfar y errar… en red. Uno no está solo a menos que quiera estarlo. Compartir, ayudarse, empoderar está en boga, pues las redes sociales y otras herramientas de Internet nos lo ponen fácil. Ahora, más que nunca, ya que de mí depende la calidad de mi vida al igual que la búsqueda de los recursos para conseguirlo dependen de mi habilidad y esfuerzo, nos es vital saber cómo han hecho otras personas para superar los mismos retos y desafíos. Esto nos fuerza a abrirnos, a ser más sociables, empáticos y generosos que nunca. Según las estructuras jerárquicas y piramidales van cayendo o transformándose en horizontales, cuando todo se equipara e iguala, comprendemos que todos, como tú y como yo, somos personas similares que sufrimos los mismos golpes; todos buscamos una salida digna a nuestros problemas y la red, la conectividad, la comunicación de esta era —las redes sociales, los blogs— nos permite fijarnos y aprender de los demás, así como ayudarnos. Podemos aprender de, y tender la mano a cualquiera.

Sin la cooperación, no alcanzamos nada. Sin la cooperación, no somos nadie. Hoy prima lo co-: cocreación, coespacios, colaboración, cofinanciación… Y es lógico. Si desde el principio de los tiempos los seres humanos han buscado grupos a los cuales pertenecer, que les ofrezcan seguridad, esto sucede con más fuerza en un mundo en el que todo se mueve y es inestable. La diferencia es que ahora la comunidad elegida, buscada, puede ser tan diversa y lejana como queramos, pues ya no se circunscribe a nuestro entorno más cercano. Internet se alía con los dispositivos inteligentes para transformar radicalmente sectores enteros de la economía de consumo, como el acceso a la información (Google), a la comunicación (Facebook, Twitter, Pinterest), los transportes (BlaBlaCar), la restauración (OpenTable), el alojamiento (Airbnb)… transformando radicalmente también nuestra forma de entender y participar en la realidad. Si ayer hacer autoestop era cosa de hippies descerebrados («¡qué peligro, a saber lo que te puede pasar!»), ahora viajamos en el coche o nos alojamos en casa de alguien a quien de nada conocemos, porque nos fiamos de las validaciones que le han otorgado en la comunidad, personas que tampoco solemos conocer. ¿El resultado? En el 99% de los casos no pasa nada malo y sí encuentros muy positivos, tanto en lo emocional como en el bolsillo.

Ser moderno, ser líquido, significa también que no hay límites para el progreso y el automejoramiento (el aprendizaje y la actualización es ya para toda la vida; las empresas modernas lo saben y están actuando en consecuencia) y que debemos exprimir nuestros recursos y sacar punta a nuestra voluntad. Ser moderno es estar siempre un paso por delante de uno mismo y ser conscientes de que nuestra identidad existe como proyecto inacabado, lo que nos obliga a activar el estado de beta permanente. ¡Por suerte! Pues quienes que se consideran alfa –además de un problema de ego– ignoran que se han quedado obsoletos.

Estamos obligados a movernos, sí, pero la buena noticia es que no vamos a hallar la gratificación al final pues no tiene sentido cuando no hay una meta clara, sino curvas y más curvas; el nómada se preocupa de ser feliz y disfrutar por el camino. Ese es el secreto de la adaptación al entorno líquido. Y, bueno, es algo que psicólogos y madres siempre nos han recomendado ¿verdad?: «la felicidad es el camino, no el destino».

«Después de todo el placer es mejor guía
que la corrección o el deber».

Samuel Butler

3

Parada obligatoria. Y tú, ¿cómo gestionas el cambio?

1. Buenas noticias: lo llevamos en la sangre

Es imprescindible, antes de seguir avanzando, hacer un autoanálisis sobre la propia gestión del cambio. Cómo lo llevamos, cuánto nos asusta cambiar o cómo lo toleramos. Porque en función de cómo nos enfrentamos a él, así nos saldrá todo lo demás. He leído mucho acerca del tema, conozco personalmente a varios expertos en esto, he tenido ocasión de hablarlo y sé que hay bastantes técnicas útiles para gestionar el cambio; pese a todo ello, la conclusión que extraigo es esta: en verdad no necesitamos ayuda externa, lo llevamos en la sangre. Todos hemos nacido preparados para salir de nuestra zona de confort sin miedos. Es lo que hemos hecho todos y cada uno de nosotros una y mil veces cuando éramos niños. Aprender a gatear, a levantarnos y a andar, a hablar, a montar en bici, a nadar… Ni nos planteábamos en esas edades eso del miedo; nuestro instinto nos llevaba a superarnos, a seguir dando pasos que nos hicieran la vida más fácil y nos dieran libertad… e incluso que nos permitieran desafiar las normas (escaparnos de la cuna, por ejemplo). Otras, como montar en bici o nadar, puede que nos costaran un poco más y necesitáramos soporte paterno, pero los beneficios que sabíamos nos supondría hacía que lo intentáramos tantas veces como hiciera falta hasta conseguirlo. Era un reto, incómodo, y alguna que otra lagrimita puede que cayera, pero ni se nos ocurría pensar «mejor me quedo como estoy» ni «mirábamos para otro lado» mientras los amigos salían juntos a pasear en bicicleta o a tirarse en bomba a la piscina.

Puede que sean los ejemplos más simplones del mundo, pero es que éramos así: tirábamos millas porque nuestra supervivencia infantil podía más que nuestros miedos. Y, si seguimos mirando nuestro propio pasado, encontraremos multitud más de ejemplos de esta capacidad innata de adaptarnos a nuevos entornos, lo cual lleva implícito abrir la mente, y superarnos a nosotros mismos. Pero en algún momento del camino, sobre todo en el plano profesional, de repente nos atrapa el aburguesamiento. Que es, tal como lo define la RAE, «acostumbrarse a la forma de vida tranquila y cómoda que se considera propia de los burgueses». Y ahí se nos estropeó el cuento. Empezamos a tirar del refranero popular –«más vale malo conocido que bueno por conocer», «virgencita, que me quede como estoy», «más vale pájaro en mano que ciento volando»– y acabamos atrofiando nuestros propios instintos; nos amoldamos a los días estructurados, programados y predecibles, a las rutinas, a los dictados, hasta que cualquier cosa novedosa o diferente nos sitúa en posición de luchar o huir. Y si todo nos fuera de maravilla, pues bueno, pero… La mayoría no está satisfecha y ¿quién está cien por cien seguro de que la vida no le va a traer ningún revés inesperado? Como suelo decir: lo único seguro que hay en esta vida es que no hay nada seguro. Ni nada para siempre, porque lo único que no cambia es el cambio. La seguridad es ya una quimera. Lo saben los emprendedores, lo saben las nuevas generaciones.

Los seres humanos somos animales de costumbres. Cada día producimos entre 60.000 y 70.000 pensamientos de los cuales el 90% ¡son exactamente los mismos que los del día anterior! Llegamos a aferrarnos tanto a la costumbre, a la rutina y a lo conocido, que en ocasiones –aunque parezca increíble– anteponemos nuestra zona de confort a nuestra salud. Con demasiada frecuencia empleados, jefes, directivos o empresarios que trabajan en empresas enfermas (las analizaremos en detalle en el próximo capítulo) aguantan lo inaguantable durante años: abusos, acoso, sobrecarga de trabajo, estrés… Llegando incluso a enfermar físicamente por no atreverse a salir de su área de confort. Porque aunque lleve la palabra confort, hace referencia a ese estado de lo que consideramos conocido, aunque nos haga daño. La multitud de excusas que nos ponemos para no dar el paso hacia la casilla de salida, hacia el cambio, da para un libro de Record Guinness: «tengo que comer», «necesito un sueldo a fin de mes», «ahora en cualquier sitio te pagan peor», «¿adónde voy a ir si no hay trabajo?», «¿qué consigo denunciando, si ellos siempre ganan?», «es lo que se espera de mí», «no puedo delegar porque no me fío», «tengo un nivel de vida que mantener», «no me queda más remedio que aguantar porque tengo hijos»… Ya, pues piensa qué será de tus hijos si caes en una depresión o te da un paro cardíaco. Perdón por la barbaridad, pero es que hay que hacer una llamada general a esos instintos que están ahí, dormidos. Y también una llamada a eliminar la cultura de la queja, porque todos somos responsables de lo que nos pasa. Y una llamada general a la proactividad, a la acción, por un entorno laboral mejor, más justo, equilibrado, flexible y sano (veremos también cómo estos entornos ya se están creando).

El último informe Gallup sobre satisfacción laboral es demoledor: sólo 1 de cada 8 trabajadores en el mundo está contento con su trabajo. Así que, como decíamos cuando éramos críos: «por mí, por todos mis compañeros y por mí el primero». Primero nosotros, pero para ayudar después a los demás a ser también motor de cambio. Ya sabemos que la responsabilidad va a caer cada vez con más fuerza sobre nuestros hombros, así que asumámoslo y actuemos en consecuencia para tener un futuro mejor. Porque nos lo merecemos. No tiene sentido sufrir ni tampoco agobiarse por todos estos cambios. Son inevitables, así que para qué pelear contra ellos o anclarse en la nostalgia del tiempo pasado que, por cierto, no para todos fue mejor. Lo que sí es mejor es que pensemos de qué manera pueden ayudarnos estos cambios que vienen, y qué podemos hacer nosotros para adaptarnos y posicionarnos en un buen lugar.

La revolución tecnológica es exponencial, sí, pero la adaptación humana suele ser gradual (piensa que todavía tenemos rabadilla y muelas del juicio), así que fuera agobios. Se trata de ser conscientes de lo que hay y de dar el primer y luego el segundo paso. Se pueden tomar decisiones más radicales si va con tu espíritu, o sencillamente empezar por escribir esta noche en una libreta tu plan B. O escribir que tienes que buscar un plan B. Cada uno a su ritmo, pero mirando siempre hacia delante y, eso sí, sin parar. Ya sabemos que después de una curva vendrá otra curva, por eso el objetivo es adquirir una mentalidad *knowmad* que nos prepare para ser trabajadores flexibles y tomarlas lo mejor posible, lo que incluye algún que otro derrape seguro.

Quizá te ayude esta reflexión del bioquímico y profesor especializado en el funcionamiento de la mente, Joe Dispenza:

«Tener los mismos pensamientos de siempre nos lleva a tomar las mismas decisiones. Tomar las mismas decisiones nos lleva a manifestar la misma conducta. Manifestar la misma conducta nos lleva a crear las mismas experiencias. Crear las mismas experiencias nos lleva a tener las mismas emociones. Y tener las mismas emociones nos conduce a los mismos pensamientos de siempre. Conclusión: hay que empezar por cambiar los pensamientos para crear una nueva realidad. Nuevos pensamientos, que nos hagan tomar nuevas decisiones, que hagan que cambiemos nuestra conducta, y así tengamos nuevas experiencias, que nos provoquen nuevas emociones».

Increíble, ¿verdad? Todo lo que necesitamos es pensar diferente y la cadena de cambios llegará a nuestra vida.

Teniendo esto en cuenta, el plan de acción es:

1. Ser conscientes de que ya estamos sumergidos en esta nueva realidad laboral.

2. Conocer todo lo que podamos hacia dónde –y de qué manera– va a evolucionar.

3. Prepararnos –con todas las herramientas que tenemos a nuestro alcance– para ello.

4. No reaccionar ante este futuro con miedo; al futuro prometedor no con el paralizante, sino con el que detona. Porque si te paralizas, adiós futuro; al menos, adiós al prometedor. Es más sensato y práctico entender esto como una época muy interesante que nos abre un mundo de posibilidades... distintas.

Es más, te propongo lo siguiente:

2. Si te dan vértigo los cambios, vive peligrosamente

Dicen que Nietzsche tenía en la pared de su despacho una frase que decía «Vive peligrosamente». Cuando le preguntaron la razón, cuál era su significado, contestó: «lo tengo para acordarme, porque tengo un miedo atroz». Grande, ¿no? Y es que, ¿quién no tiene miedos? ¿Quién no se ha sentido alguna vez paralizado ante el cambio? ¿Quién no ha sentido vértigo? ¿Quién no se ha visto obligado –o ha querido obligarse a sí mismo– a elegir entre lo confortable y seguro frente a lo desconocido? A menudo, cada vez más, escuchamos «no tengas miedos». Es poco realista. Creo que experimentar miedo incluso es positivo porque te despierta. Te pone en alerta, te hace sentir incómodo y entonces te obliga a hacer algo para quitarte de encima esa sensación. Tener miedo es humano, pero pelear por superarlo está, como hemos visto, en nuestro ADN desde que nacemos, sólo que se ha quedado adormecido. O lo hemos adormecido hasta que las cosas han dejado de ser tan fáciles. Lo que está claro es que hace unos años este tema, la gestión del cambio, ni se mentaba y ahora es la preocupación del momento. Y me parece muy bien: cuanto más hablemos sobre ello, más lo normalizaremos. Por ello me gusta, siguiendo con el filósofo alemán, su teoría de que todos tenemos la posibilidad en esta vida de ser un transhombre (prefiero esta traducción de *Übermensch* a otras, como superhombre o sobrehombre, pues todo lo trans- va acorde a nuestros tiempos, como el concepto de narrativa transmedia aplicada a las empresas por ejemplo). ¿Y qué es un transhombre? Una persona capaz de generar su propio sistema de valores identificando como bueno todo lo que procede de su genuina voluntad de poder.

Es decir –quitando todo el peso religioso que él da a su obra y simplificando mucho la cosa–, alguien que no se deja manipular por lo que el entorno considera conveniente y toma sus propias decisiones porque sabe que la última –y probablemente mejor– decisión está en su mano. Cada uno tenemos el mando de nuestras vidas para hacer *on* u *off*. La llave que abre o cierra. Tanto de nuestras emociones como de nuestras acciones.

El punto está en que, aun siendo conscientes muchas veces de que lo bueno para nosotros puede ser X, o de que la realidad que se nos avecina nos empuja a modificar nuestra mente o actitud, es nuestro propio temor al cambio el que nos impide vivir peligrosamente; entendiendo peligrosamente como vivir haciendo lo que consideramos mejor para nosotros mismos porque nos realiza, todo ello mezclado con un poquito de carpe d*í*em (vive cada momento de tu vida como si fuese el último), de conciencia plena (siente y disfruta lo que sucede en cada momento de ese día) y de realismo *fow:* con los ojos puestos en el *future of work* ¡aunque sólo sea para asegurarnos de que tendremos trabajo! Mejor si lo hacemos pensando en obtener un buen trabajo.

¿Toca arriesgar si decides vivir peligrosamente? Sí, y tanto. Y a veces sale rana. Pero, si el precio es hacernos sentir vivos y dueños de nuestro destino, merece la pena intentarlo. Porque si tú controlas, decides, eres el que mueve ficha, te conoces (más o menos) y has incorporado a tu vida una mentalidad superamiedos, cuando el revés llega a tu vida (y siempre llega) en forma de acontecimiento inesperado o no planificado, como despidos, ERE, fusiones, absorciones, cierres, robótica… sabes que tú tienes el mando para activar la forma en que ese hecho te hace sentir y que en tu mano está también darle al botón de siguiente casilla. Y convertir así la incertidumbre en oportunidad.

3. *Don't panic:* tenemos tiempo para realizar los sueños profesionales

Uno de los retos a los que me enfrentaba al escribir este libro, que habla todo el rato sobre el crecimiento exponencial de las tecnologías, la velocidad del cambio, la competitividad, las nuevas generaciones, lo rápido que está yendo todo, el que hay que ponerse las pilas ya... era acabar transmitiendo agobio. Agobio por lo pendiente, por lo que queda por hacer, por lo sueños aún no alcanzados, por las ideas que todavía no han tomado forma, por ese futuro que nos parece se nos queda corto, por el «se me pasa el arroz», por la falta de digitalización, por el sentirse mayor para tanta evolución, por el «no me va a dar tiempo a ponerme las pilas»... Y sí, todo va a toda pastilla y es más sensato no dejar para mañana lo que podamos hacer hoy. Y cuanto antes empecemos, muchísimo mejor. Pero no hay que confundir la necesidad de urgencia, de avanzar lo antes posible, con el agobio o ansiedad. La ansiedad se centra en las posibilidades de un futuro desconocido, inventado, no en una amenaza real y presente. La ansiedad no sólo no protege del peligro, sino que paraliza, impide hacer cosas; te mantiene despierto en las noches y te vuelve improductivo por el día.

Por suerte hay una muy buena noticia para todos nosotros, que puede mitigar esa sensación paralizante. Es especialmente interesante para aquellas personas que ya sea por su edad, por el tipo de trabajo que han desarrollado hasta ahora (quizá estén en la parte más baja de la pirámide y sean fácilmente sustituibles por el *software* o robots) o por el tipo de régimen al que pertenecen (han sido siempre empleados por cuenta ajena, con sueldo y contrato fijo), miran con mayor ansiedad este futuro laboral que se nos viene encima. La buena noticia es que nunca es demasiado tarde. Así es también el título del libro de Tom Butler-Bowdon, a quien he creído interesante traer a este capítulo dedicado a la gestión del cambio. El subtítulo es igual de apetecible: «El poder del pensamiento a largo plazo». Como dice en su contraportada:

> «Este libro es para todos aquellos que albergan un deseo secreto, que sueñan con pintar, viajar, escribir un libro, crear una empresa

o volver a estudiar. Es un libro para que los impacientes y también los descorazonados recuperen la ilusión sea cual sea su edad. Sí, tú también estás a tiempo. Nunca es demasiado tarde para hacer algo grande».

Además de poner 101 ejemplos de personas que lograron alcanzar sus metas profesionales pasados los 40/50 años, explica cómo el aumento de esperanza de vida nos da muchos años productivos por delante; aquí el reto sí va a ser para las empresas y los Estados, que se van a ver obligados a cambiar sus políticas de jubilación, etc. Sigamos la Tabla de Schwartz: si tienes, por ejemplo, 30 años, tu porcentaje de años productivos pendiente es del 83%; si tienes 40, el 67%; si tienes 50, el 50%... Incluso en la edad de jubilación estándar, los 65, nos quedaría un 25% de edad laboral todavía por delante. Es decir, el tiempo que tenemos para adaptarnos al futuro del trabajo es mayor del que se podría pensar. Así como el de encontrar nuestro hueco haciendo lo que nos realice y haga sentir bien.

Butler-Bowdon nos anima con la que considero una de las leyes más sensatas que existen: la Ley del retorno acelerado o crecimiento exponencial. Cuanto más persistimos en algo, más probable es que se active esta ley. Como explica el autor:

«Cuando nos embarcamos en un nuevo proyecto los primeros años nos parece que progresa con demasiada lentitud, pero el primer 1% de cualquier proyecto es especial, por eso no hay que intentar acelerar su progreso. Las cosas diminutas, si reciben los cuidados y el tiempo necesarios, florecen en algo sustancial. En nuestro afán de crear algo importante nos olvidamos fácilmente de las leyes básicas del crecimiento».

Como decía Warren Buffett, tercera fortuna del mundo, el truco está en ir avanzando paso a paso. En efecto, «al empezar sin prisas –explica Butler– usted está respetando las leyes inmutables del crecimiento y el tiempo». Porque, aunque se den casos y sean los que están de moda, el 99,9% de nosotros no alcanzamos la cresta de la ola de un día para otro, sino que necesitamos –y está bien que así sea– más tiempo para concebir, crear y mantener el éxito deseado.

Los primeros 30, 40 o 50 años de nuestra vida pueden haber servido simplemente «para establecer una base que nos proporcione las habilidades, la experiencia y la sabiduría necesarias con las que crear algo significativo». Ahí va el mensaje final: «Pensar a lo grande puede llevar lejos, pero si lo combinas con pensar a largo plazo tendrás la receta para triunfar». Para formar parte de los trabajadores del futuro.

4. El cambio, desde una perspectiva nómada

Quién mejor para hablar sobre la gestión del cambio pensando en futuros nómadas, que quienes ya lo son. Una de las especialidades de la Knowmad Business School Spain (*www.knowmads.es)* es precisamente educar a agentes de cambio. Ivo Degn, iniciador de esta Knowmads Business School Spain y alumno de la Knowmads Business School Amsterdam, así nos lo explica:

«El cambio no es una acción ni una meta que alcanzar; mucho menos algo de lo que debamos defendernos. El cambio simplemente es una realidad a la que nos enfrentamos y con la que podemos y debemos trabajar. Cambiamos constantemente como personas, como organizaciones, como sociedades y ecosistemas. Este cambio ocurre gradualmente, así que muchas veces ni siquiera somos conscientes. De repente nos encontramos que estamos llevando a cabo estrategias, o que nos comportamos, en función de nuestros hábitos que provienen de situaciones del pasado. Cuando nuestro comportamiento ya no es adecuado a la situación presente, hace falta entrar en un proceso de cambio que muchas veces es incómodo y doloroso para organizaciones e individuos. Este proceso nos desafía a mirarnos honestamente a nosotros mismos, a la situación presente así como al futuro, y decidir. ¿Cuáles son hábitos que me sirven ahora, y que me van a servir en el futuro? ¿Y cuáles son los hábitos que mantengo por creencias anticuadas y que me frenan para adaptarme mejor?

De la misma manera, se nos desafía a mirar hacia el futuro para plantearnos cómo nos lo imaginamos, en qué mundo queremos vivir, cómo queremos trabajar. ¿Cuál es nuestra visión? ¿Y cuál nuestra misión, nuestro papel dentro de esa visión? Tenemos que prepararnos para dejar ir estos hábitos que no nos servirán en el futuro. Abandonar los hábitos inútiles para adoptar nuevas prácticas que sí nos ayuden a llegar más eficientemente a nuestra meta. Como una serpiente que cambia su piel cuando esta ya se ha endurecido y no le permite movimiento, tenemos que cambiar nuestras prácticas cuando ya no nos son de utilidad.

Los líderes auténticos son conscientes de sus valores, de su misión y visión, a la vez que pueden navegar entre el caos y la complejidad sin perder su rumbo».

El Marco Cynefin (descrito por Dave Snowden) explica la diferencia que hay entre los cinco ámbitos del trabajo.

1. El ámbito simple u obvio es donde se aplican las mejores prácticas y donde la relación entre causa-efecto es obvia. En este dominio se opera con problemáticas simples. Es muy fácil identificar las causas y sus efectos. Por lo general, la respuesta correcta es clara, conocida por todos e indiscutible. Soluciones conocidas para problemas conocidos.

2. En el segundo ámbito, llamado complicado, aplicamos las buenas prácticas. La relación causa-efecto no es obvia para cualquier persona, sino que requiere del conocimiento y del análisis de una persona experta. Hay múltiples soluciones correctas para una misma problemática, pero se requiere la involucración de expertos para poder identificarlas.

3. El tercer ámbito es el complejo: ya no es posible conocer la relación entre causa y efecto de antemano, la entendemos solamente en retrospectiva. Para poder trabajar con problemáticas complejas, el análisis no nos sirve. Hay que ir probando y fallando, experimentando. Cuando nos enfrentamos a problemas complejos, los resultados se vuelven más impredecibles. Simplemente, no sabemos con anticipación si una determinada solución va a funcionar. Sólo podemos examinar los resultados y adaptarnos.

Este es el dominio de las prácticas emergentes. Las soluciones encontradas rara vez son replicables, con los mismos resultados, a otros problemas similares.

4. El dominio caótico ocupa el cuarto lugar. Los problemas caóticos requieren una respuesta inmediata. Suceden en momentos de crisis cuando se necesita actuar de inmediato para restablecer cierto orden.

5. Por último está el ámbito desordenado. Nos movemos en el espacio desordenado cuando no sabemos en qué dominio estamos. Se la considera como una zona peligrosa, ya que no podemos medir las situaciones ni determinar la forma de actuar. El gran peligro del dominio desordenado es actuar de manera diferente a la que se necesita para resolver ciertos problemas.

Los métodos conocidos por su capacidad de innovación suelen navegar el ámbito de la complejidad hasta el caótico, incluyendo a menudo el desordenado. En el caos no tenemos datos suficientes para tomar una decisión informada, así que no queda otra que simplemente hacer algo e intentar salir de la situación. Se aplican prácticas nuevas y experimentales. «En Knowmads School Spain educamos en los ámbitos de complejidad y caos porque creemos que hacen falta más individuos, agentes de cambio, que puedan prosperar desde allí; que no reproduzcan los resultados ya conocidos sino creando innovación real. ¿Cómo educar a los seres humanos, a los líderes, de esta manera?

Desafiamos a nuestros alumnos a crear su propia educación. No ofrecemos un currículo fijo, no hay exámenes y tampoco diplomas. No les decimos a los alumnos si están en el camino correcto o incorrecto, sino que les preguntamos si sienten y piensan estar en el camino adecuado para ellos. Les preguntamos quiénes son, en qué mundo quieren vivir, cómo contribuirán a ese mundo soñado. Fomentamos la comunidad y el compartir entre los estudiantes, ofrecemos herramientas y métodos que potencian el crecimiento personal y la autoconexión para que sepan decidir por ellos mismos su propio camino por ese complejo y caótico lugar llamado vida.

Para nosotros, la brújula que nos da la dirección es lo que llamamos el corazón: los sueños, pasiones y necesidades que tenemos como personas, y la visión: valores, propósito y misión que tienen nuestras organizaciones.

En tiempos de cambio, hay que volver a lo que nos define y constituye nuestro núcleo. Descubriendo este y conociendo la problemática que el presente y el futuro nos plantea, podemos estar en cambio continúo sin romper el equilibrio».

Creo que es una buena base de partida: estudiarse a uno mismo para saber adónde queremos dirigirnos, aprender luego lo necesario para así a llevar a buen puerto dichos deseos, y a poder ser siempre pensando en un bien mayor, que transforme positivamente el mundo. Algo que se puede aplicar a nivel personal pero también empresarial. De hecho, unas cuantas empresas ya lo hacen.

5. La estrategia que no se ha de seguir (y la que sí)

Cuando se habla de estrategia de cambio, la mayoría quiere saber cómo es, en qué consiste y cuánto tardará en conseguirlo, para prepararse así mentalmente y establecerse unos objetivos temporales: con fecha de caducidad. La cuestión es que ese caos y complejidad de la que hablaba Ivo hace imposible una estrategia de cambio definida. Por eso no es aconsejable ponerse una fecha límite, y sí dar el primer paso y a partir de ahí no parar e ir innovando, variando, adaptándose, explorando sobre la marcha.

Más o menos, a grandes rasgos, estos son los estados emocionales por los que se suele pasar ante un gran cambio:

1. presentimiento/preocupación.

2. choque/miedo.

3. resistencia.

4. aceptación racional.

5. aceptación emocional.

6. apertura.

7. integración.

Pero, si no hemos conseguido convivir realmente con la incertidumbre y hacer que forme parte de nuestra vida, estos estados emocionales no los vamos a vivir sólo una vez, sino montones de veces. Porque nuestra vida laboral va a estar repleta de cambios, de mini trabajos, de trabajos más largos, de etapa de *freelance,* de colaboración, de otra etapa como asalariados... Me gusta mucho el ejemplo que pone Richard Gerver en su libro *El cambio* (muy recomendable su lectura, por cierto): compara a los seres humanos con los iPhones. El éxito de este teléfono inteligente y el de todos los demás es su naturaleza orgánica: cualquiera que tenga uno tiene un control completo de su aparato, y pese a prestar las mismas funcionalidades el móvil de una persona siempre será totalmente distinta al de otra. Cada uno nos bajamos las aplicaciones o programas que más nos gustan o nos son de utilidad. El teléfono inteligente siempre está cambiando. Precisamente estas aplicaciones, que descargamos cuando nos sirven y borramos cuando ya no las necesitamos, como por ejemplo la de una compañía de avión tras realizar el viaje, simbolizan lo temporal del mundo en el que nos movemos. Se trata de proyectar este tipo de filosofía en nuestra forma de vivir: desarrollar en profundidad algunas competencias clave (nuestro fuerte, en lo que somos expertos), pero estar preparados para ponernos y quitarnos aplicaciones (destrezas, conocimientos y habilidades) para poder seguir siendo relevantes y capaces de responder a las necesidades que vayan surgiendo en el mundo que nos rodea. Como bien dice Gerver:

«El cambio nunca tendrá lugar si no se está dispuesto a cambiar de forma de pensar. Y, para hacerlo, se necesita crear espacio. El cambio no se produce, y puede que nunca se produzca, en un estado de pánico. Los grandes cambios necesitan tiempo, pues son orgánicos, crecen y evolucionan. Además, deben ser interminables».

6. El cambio organizacional pasa por lo transformacional

Los cambios organizacionales surgen de la necesidad de romper con el equilibrio existente, que generalmente las nuevas tecnologías, las megatendencias etc. de algún modo han desequilibrado, para transformarlo en otra cosa, más provechosa desde el punto de vista financiero, pero sobre todo más útil y gratificante para todos los que la componen. Ya todo está relacionado con las personas más que con los sistemas; las organizaciones deben humanizarse. Esto, junto con todas las demás cosas que han de cambiar las organizaciones actuales para que tengan futuro, las trato en detalle en el siguiente capítulo.

Generalmente, cuando se habla de cambios organizacionales se trabajan estos temas:

- Cómo hacer participar democráticamente a los miembros de la organización en el proceso de la planificación.

- La importancia de contar con personal adecuado (sobre todo en Recursos Humanos).

- La necesidad de ir formando al personal para los cambios nuevos.

- Cómo los directivos deberán estar al tanto de las incidencias del cambio y de los posibles contratiempos que podrían surgir, como la resistencia al cambio, etc.

Todo gira en torno al personal. Por ello hacen falta a su vez personas que lideren este cambio pensando en las personas: son las que se conocen como líderes transformacionales. El concepto de liderazgo transformacional fue introducido inicialmente por el biógrafo y experto en personalidades presidenciales James MacGregor Burns. Más tarde, el investigador Bernard M. Bass, de la Universidad de Nueva York, amplió estas ideas originales para convertirlas en la actual Teoría de liderazgo transformacional. ¿Y en qué consiste?

Bass identifica dos tipos de líderes:

1. El transaccional, que es quien:

    - Intercambia la recompensa por el esfuerzo, promete compensaciones por el buen rendimiento y reconoce los logros.

    - Observa los incumplimientos de las normas y toma acciones correctivas.

    - Interviene solamente si no se cumplen los niveles requeridos.

    - Evita asumir responsabilidades y decisiones.

2. El transformacional:

    - Proporciona una visión y un sentido de misión, inculcando un clima de trabajo ético, así como valores como el respeto, el orgullo y la confianza.

    - Transmite grandes expectativas, utiliza símbolos para enfocar los esfuerzos y expone los propósitos importantes de manera sencilla.

    - Promueve la inteligencia, la racionalidad y la resolución cuidadosa de los problemas.

    - Trata a cada empleado de forma individual, aconseja e instruye.

    - Alienta a mirar más allá de los intereses propios, al bien común.

    - Promueve la cooperación y la armonía.

En resumen, los líderes transformacionales inspiran y estimulan a los trabajadores, animándoles a exceder los niveles estándares de rendimiento. Se centran y preocupan en los empleados y sus necesidades personales, no sólo profesionales. Encajan bien conduciendo equipos y saben desenvolverse en organizaciones de trabajo complejos (ámbito caótico y desordenado) ayudando a guiar a los demás en este entorno de incertidumbre. Ayudan a las empresas a convertirse en lugares de alto rendimiento, y los empleados les son leales.

Hay cuatro componentes del liderazgo transformacional, conocidas como «Las 4 íes» por sus siglas en inglés:

- (II) Influencia idealizada: el líder sirve como un modelo de conducta ideal para los trabajadores; el líder hace lo que dice y es admirado por ello.

- (IM) Motivación inspirada: tiene la capacidad de inspirar y motivar a los seguidores. La combinación de estas dos primeras íes, es lo que constituyen su carisma.

- (IC) Consideración individualizada: demuestra genuina preocupación por las necesidades y sentimientos de los trabajadores. Esta atención personal es un elemento clave para que estos se esfuercen al máximo.

- (IE) Estimulación intelectual: el líder desafía a los trabajadores a ser innovadores y creativos.

A menudo se tilda equivocadamente a estos líderes transformacionales de blandos, cuando la realidad es que siempre están desafiando a su equipo para sacar lo mejor de ellos, animándoles a escalar cada vez niveles más altos de rendimiento... Sólo que desde una postura bastante más inteligente que la de la zanahoria o el palo.

Por último, estos son algunos de los rasgos de personalidad que suelen tener, y que merece la pena tener en cuenta para pescar al vuelo a ese líder si nos cruzamos con él, o mejor aún, para convertirnos en uno de ellos:

1. Educación amplia.

2. Curiosidad ilimitada.

3. Extroversión.

4. Entusiasmo, visión.

5. Fe en la gente y en el trabajo en equipo.

6. Voluntad de arriesgarse.

7. Dedicación al crecimiento a largo plazo más que a corto plazo.

8. Dedicación a la excelencia.

9. Preparación.

10. Amabilidad.

«En un mundo superior puede ser de otra manera,
pero aquí abajo vivir es cambiar y ser perfecto
es haber cambiado muchas veces».

John H. Newman

4

Las empresas tradicionales necesitan reinventarse hacia empresas abiertas

La reinvención de las empresas tradicionales

Tengo seis listas de reproducción bien chulas en Spotify específicamente creadas para cuando voy al gimnasio (aunque, ejem, no escucho tanto como quisiera); en muchas ocasiones organizo mis vacaciones o escapadas a través de Airbnb, y mis dudas sobre los lugares que visitaré los resuelvo a través de TripAdvisor; sólo he usado BlaBlaCar en una ocasión, pero volveré a repetir si me hace falta; ni se me ocurre ya salir a buscar un taxi a la calle pudiendo geolocalizarme a través de una aplicación porque, además, controlo cuánto va a tardar, el recorrido que hace y el nombre y número de teléfono del conductor. Con el plus de no necesitar llevar efectivo encima ni tarjetas porque el cobro es automático en red. Me coordino con mis equipos de trabajo a través de Slack (jamás por WhatsApp) y si necesito hacer cualquier gestión económica o financiera, siempre es en línea a través de banca digital; mi agenda de notas no necesita bolígrafo porque es Evernote; he cerrado acuerdos de colaboración laboral a través del correo de LinkedIn pero también del chat de Twitter... Y así podría seguir un

"

buen rato. Todas estas empresas que he mencionado tienen algo en común: caben en la palma de mi mano. Las tengo todas centralizadas y operativas desde mi teléfono inteligente. Supongo que entro dentro del estudio de Juniper Research, según el cual ya en 2017 había más 2017 más de 2.000 millones de usuarios habrán realizado alguna transacción a través de una tableta o dispositivo móvil. Estas empresas me hacen la vida más fácil, pero es que, además, me fío de ellas y de los otros usuarios que las utilizan, comentan y comparten. Creo en el poder prescriptor de las personas y ellas serán –como ahora veremos– el centro neurálgico del mercado en los próximos años.

1. No es futuro, también es presente

Está claro que la vida ya nos ha cambiado, al igual que nuestra mentalidad y discurso. A nuestros hijos, por ejemplo, no podemos decirles «ni se te ocurra subirte al coche de un desconocido»; BlaBlaCar sólo es el principio. Aunque eso no quita que mantengamos la esencia que nos define como padres –dar la chapa– variando el lenguaje y el contenido: «¿te has fijado en cuántas validaciones tiene el conductor? ¿Y seguro que tiene su cuenta verificada?». El futuro del trabajo va a cambiar aún más a los individuos –lo que hacemos, somos, cómo pensamos y nos expresamos– pero también, lógicamente, a las organizaciones de las que son miembros o con las que colaboran. Ya está pasando. Por eso lo que hasta ahora he denominado como *fow (future of work),* término acuñado por los estadounidenses Alison Maitland y Peter Thomson, yo lo rebautizo como *pow: presfut of work.* Considero acertado insertar la palabra *present* al *future* porque, aunque todos los temas que tratamos en el libro se acentuarán en los próximos años, son una realidad hoy. Dentro de este *pow,* lo que algunas de estas empresas comparten además de saber aprovecharse de las nuevas tecnologías y hacer más sencilla –también económicamente hablando– la vida de los ciudadanos, es que operan como empresas del siglo XXI. Son ágiles, flexibles y fácilmente adaptables a los cambios. Tienen mejoras continuas porque hay mentes rápidas detrás atentas para percibir, y preparadas para actuar, ante las nuevas necesidades de sus usuarios. Y eso que algunas de ellas son verdaderos gigantes. Trabajan con una mentalidad líquida y sus estructuras, sus equipos e incluso sus espacios de trabajo son abiertos.

Acabamos de ver cómo la sociedad del conocimiento, la revolución tecnológica, las megatendencias, etc. obligarán a las empresas sólidas a transformarse en líquidas. Y esto afectará a multinacionales, empresas medianas y también pequeñas, sin importar que el negocio sea o no tecnológico, lo cual no quita que deberán estar digitalizadas, de cara al exterior y en sus organizaciones internas. Por eso a cualquier empresario, emprendedor, director ejecutivo, directivo o socio debiera resultarle interesante saber cómo serán las empresas que sobrevivirán y tendrán un buen futuro. Y a todo empleado o autoempleado (*freelance,* autónomo) por supuesto también, para identificar correctamente las compañías con las que le convendrá trabajar y/o asociarse, y saber cómo adaptarse a ellas. No creo que haya ejemplos perfectos de empresas a seguir, ni que se deban copiar al cien por cien cualquier modelo, ni que todo valga para todos, pero sí existen ejemplos innovadores de sistemas que funcionan y de los que se puede aprender.

Al igual que las personas deben mejorar su empleabilidad, las empresas deben mejorar sus organizaciones y su adaptabilidad. Algunas se extinguirán inevitablemente, otras están seriamente en decadencia, otras menos dañadas y también las hay bien preparadas o cuyo producto/servicio encaja mejor en las necesidades futuras. Las cifras así lo dicen: el reciente informe *Digital Vortex: How Digital Disruption is Redefining Industries* –elaborado por Cisco y el International Institute of Management Development (IMD) de Lausana, Suiza– analiza el estado de la transformación digital y las perspectivas para las organizaciones mediante una encuesta realizada entre 941 líderes de negocio de doce sectores y trece países, incluyendo Australia, Brasil, Canadá, China, Francia, Alemania, India, Italia, Japón, México, Rusia, Reino Unido y Estados Unidos. El estudio desvela que, en los próximos cinco años, la transformación digital desplazará del mercado a cerca del 40% de las actuales compañías en cada uno de los doce sectores analizados. Sin embargo, el 45% de las compañías consultadas no considera que la transformación digital deba acaparar la atención de los organismos directivos. El titular es que 4 de cada 10 empresas se quedarán fuera de la transformación digital. O este: sólo el 25% de las organizaciones afronta la digitalización de forma proactiva.

En este siglo XXI tecnológico, veloz, cambiante e incierto, las organizaciones están obligadas a cambiar y adaptarse continuamente si quieren sobrevivir. Ello significa que tienen que adoptar nuevos modelos de negocio, nuevos servicios o productos, nuevos procesos y formas de trabajar, e incluso nuevas maneras de relacionarse con sus clientes, proveedores y demás *stakeholders,* lo que por supuesto también incluye nuevas maneras de relacionarse con sus trabajadores.

Hablar de trasformación digital de las empresas tradicionales hace referencia a un proceso donde a los productos o servicios habituales se añaden componentes digitales que modifican su naturaleza para dotarles de mejores prestaciones; en otras palabras, consiste en la hibridación de productos físicos + servicios virtuales, de la conexión de productos, servicios, cosas y personas de forma inteligente (movilidad, Internet de todas las cosas, la nube, conectividad, etcétera), que modifica la naturaleza de los productos y los servicios.

Pero en verdad, lo digital abarca un concepto de transformación mucho más grande y completo: la transformación digital supone el avance de las empresas tradicionales a empresa con futuro: más flexibles, ágiles, abiertas, transparentes, *redárquicas,* innovadoras, creativas, y humanas.

Es prioritario para la empresa tener en cuenta temas como la innovación, la transparencia, la gestión en tiempo real, la innovación, la eficiencia en los procesos, implementación del *social business* (la evolución de lo social dentro de la empresa), la omnicanalidad o narrativa transmedia, la gestión de la reputación, la creación de una adecuada identidad de marca, el trabajo en red *(networking)*... El mundo se está haciendo cada vez más social y las empresas deben prepararse para ello. Aunque lo bonito –si se me permite esta expresión– es que cada empresa sea capaz de innovar por sí misma y encontrar nuevas vías de trabajo que funcionen.

Y que luego las compartan, claro.

1.1. Tercera ola del trabajo virtual

Estamos inmersos en lo que se conoce, gracias al trabajo de Tammy Johns y Lynda Gratton, como tercera ola de trabajo virtual. Para entender la tercera, es interesante revisar las dos anteriores:

* La primera ola del trabajo sin ataduras y el nacimiento de los primeros autónomos virtuales comenzó en 1980, con la expansión del correo electrónico que se creó, por cierto, una década antes. Aunque no puedo hablar con conocimiento de causa porque en esta época era bastante enana, creo que más que ola debió de ser olita, porque me recuerdo trabajando en un diario nacional bastante superada ya la década de los ochenta y también noventa, picando los textos de los colaboradores que nos llegaban por fax. El correo electrónico existía, pero ¡apenas se utilizaba! En cualquier caso, esta primera fase de virtualización permitió a algunos trabajadores ser contratados de manera independiente, permitiéndoles compatibilizar sus vidas, y a la vez estar bien remunerados (sí, se pagaba bien). Los empresarios estaban contentos porque ganaban en flexibilidad para contratar más o menos mano de obra cualificada, sin pasar por los trámites tediosos del despido o la contratación, ahorrando así costes. También tenían acceso al talento fuera de su región.

* La segunda ola se produjo en 1995 con la aparición de eBay y la creación de una infraestructura nueva de mercado, mecanismos de pago seguros y un sistema de basado en la reputación y la calificación. Con la aparición de Google en 1998, las facilidades para el progreso digital se disparan y con él la aparición de *freelances* o autónomos: nacían los colegas virtuales. Pero no todo fueron ventajas.

Los trabajadores que decidieron sumarse a la libertad del trabajo en remoto (así era como lo llamábamos) renunciaban a la conexión formal a la empresa y con ello a los beneficios laborales como los de jubilación, pagas extras, seguros de salud, los ascensos y, por supuesto, no contaban con dotación de equipos ni soporte técnico. Los de dentro tampoco los consideraban como parte del clan, por lo que no se les transmitía el sentido de participar en una misión más grande, ni se les transmitía la cultura de empresa. Eran los de fuera, los que no asistían a las reuniones. Una mentalidad que aún persiste en algunos sitios, por cierto. Las organizaciones perdieron así el compromiso por parte de estos trabajadores independientes virtuales. Mientras tanto, el mundo se fue globalizando y cada vez hacían más falta empleados que trabajaran en horarios inusuales y en proyectos con clientes o colegas internacionales. Por suerte ahí estaba la tecnología, para acercar kilómetros y meridianos. Aunque estos trabajadores fueran de dentro, eso de que trabajaran en línea –muchas veces desde sus casas por lo de compatibilizar horarios– también creaba suspicacias. ¿Serían tan comprometidos y productivos como sus colegas, a los que sí se podía ver físicamente desde el despacho?

- Llegamos a la tercera ola, actual, y al nacimiento de los compañeros de trabajo virtuales. Integrados y valorados. Esta, más que ola, es un tsunami: el número de personas cualificadas, generalmente trabajadores del conocimiento, que eligen vincularse de manera temporal (por proyecto o colaboración) a una empresa, y que frente a la estabilidad escoge ciertas libertades internas, ha crecido exponencialmente e irá a más. Veámoslo en cifras:

  - Según el Freelancers Union de Nueva York, la cifra de trabajadores independientes en Estados Unidos ya alcanza los 53 millones; por cierto que su página es muy buena: www.freelancersunion. org. Esto representa un 34% de toda la clase trabajadora americana. De esos 53 millones, el 40% (21,1 millones) trabajan como *freelances* puros: reparten su empleo entre distintos proyectos y clientes. El resto se divide entre los *moonlighters* (con un empleo fijo y un complemento), trabajadores diversificados (un pequeño empleo fijo y varios pequeños), trabajadores temporales (por proyectos con una duración determinada) y microemprendedores o autoempleados (con entre uno y cinco trabajadores a su cargo).

  - En Europa, el European Forum of Independent Professionals (EFIP, www.efip.org, dató el crecimiento de *freelances* en un 82% entre 2000 y 2012. Actualmente, según estudios de la OCDE, en la Unión Europea los autónomos representan ya el 16.1% de la fuerza laboral. Su presencia ha crecido un 99% desde la entrada de milenio.

- En España, en 2017 hubo 15.0000 nuevos autónomos según la Unión de Profesionales y Trabajadores Autónomos (UPTA). Además, el 75% de los freelancers encuestados por Malt.es decide deliberadamente tener este perfil profesional.

- Solo en 2016 el *freelancing* creció un 180% en America Latina. Según los resultados publicados en el informe 'Condiciones Sistemáticas para el Emprendimiento Dinámico 2017 en América Latina' de la Universidad Nacional de General Sarmiento, el país más pujante en términos de emprendimiento es Chile, seguido de Brasil, Argentina y México. En Asia del Pacífico deben pasar ya los 900 millones y un estudio de la consultora IDC informa que el 37,2% de la clase trabajadora a nivel mundial pertenece a esta categoría.

El talento fluye y puede dar servicio a muchos. También aumentan las personas que, aún contratadas, prefieren conciliar frente a la atadura de la presencialidad. Y, por supuesto, como consecuencias de la crisis, han aumentado los obligados a irse al exilio aunque en verdad no lo desearan. El caso es que el número de personas que trabajan virtualmente es cada vez más alto. En IBM, por ejemplo, más del 45% de sus 400.000 empleados (no confundir con contratados fijos) trabajan de forma remota. Según un informe de Infojobs y ESADE, las empresas han multiplicado por diez sus vacantes de empleo para estos profesionales por cuenta propia.

Esta es, sin duda, la gran evolución de los modelos de trabajo. Si la comunicación entre oficinas se hace por correo electrónico o videoconferencia, tenemos la nube para guardar y compartir todo lo que necesitamos, etc. lo que menos importa es si los colegas están en la misma sala o tres países más lejos en el mapa. Ojo, sí importa: uno de los retos crecientes es el de aprender a gestionar esta manera en línea de trabajar; lo que se conoce como *virtual work management* (lo trataremos más adelante). Y, a diferencia de la soledad del trabajador en casa de décadas anteriores, han proliferado los espacios de cotrabajo *(coworking)* que permiten a estos trabajadores socializar así como compartir ideas y talento. La clave del éxito de todo esto sigue siendo el famoso ganar-ganar. Si el trabajo virtual se pone al servicio de los intereses de los empleados y empleadores, todos ganan. El transhumanismo busca trascender los límites del presente y crear un futuro mejor para toda la humanidad. O a eso tiende. Al menos merece la pena intentarlo. Veamos ahora buenas ideas para que las empresas se conviertan en abiertas y se adapten mejor a estos nuevos tiempos que ya están aquí.

2. Mentalidad de abundancia frente a Mentalidad de déficit

Frente al hacer más con menos, se impone el hacer más con más. Si la vieja manera de pensar de las empresas (mentalidad de déficit), intentaba resolver los problemas dividiendo (disgregando departamentos o cerrando parte), tomando decisiones unilaterales (restringido a miembros seleccionados de la organización) y siempre dentro de los límites de la organización (los de dentro), el futuro del trabajo está diseñado a partir de una mentalidad de abundancia. La idea es volver a juntar las piezas para trabajar de manera holística, con la participación del ecosistema al completo. Como explica Jeremy Scrivens, experto en economía emocional en el trabajo:

> «Se busca una conexión global de los corazones y las mentes que se preocupan por lo que hacen como si toda la empresa fuera un ser vivo, algo que facilita el tener la comunidad conectada, que también incluye a los colaboradores. La mentalidad es: hacer más con más abundancia».

Todos los integrantes de la empresa trabajando juntos por un bien que, además, trasciende a la propia empresa: un bien social. El nuevo enfoque del trabajo se puede simplificar en: conversar y hacer más con más.

Veamos las diferencias entre ambas mentalidades, déficit (1) y abundancia (2):

1. Administrar en partes, usando sólo la cabeza (racional).

2. Contribución del sistema entero, usando la cabeza (racional) y el corazón (emocional).

1. Decisiones tomadas por la jerarquía, que actúan como corta-fuegos.

2. La resolución del problema es abierto y en red, aprendizaje a escala.

1. Cultura cerrada: basada en la protección (opaca) y en lo selectivo.

2. Cultura abierta: basada en compartir y en ser transparente.

1. Empresa digital.

2. Ecosistema digital.

1. Las tecnologías sociales se utilizan para el intercambio de información interna.

2. Las tecnologías sociales se utilizan para la conexión de las fortalezas y talentos a nivel mundial.

1. Las tecnologías sociales se usan sólo para trabajar.

2. Las tecnologías sociales son parte integral de la vida.

1. Se centra en los motivadores extrínsecos (por ejemplo, sueldo).

2. Se centraren motivadores intrínsecos como por ejemplo la realización.

1. Se mide el coste, la eficiencia y los rendimientos.

2. Se mide el impacto y contribución en el bien social.

1. La membresía está cerrada para los de dentro de la empresa.

2. La membresía está abierta a todos los que les interesa unirse y contribuir.

Estamos hablando del *social business* desde el *open business,* que conecta e involucra a más talentos, colaborando todos juntos para hacer más con más, codiseñando de esta manera un futuro mejor. Cuantos más puntos fuertes haya conectados en la conversación, más innovación se creará para el bien social. Esto, a su vez, permite una colaboración a escala y sostenible, además de generar una cultura social positiva, ya que los miembros contribuyen con sus manos, cabeza y corazón; compartir, dar y tratar a otros con amabilidad y respeto, características de personalidad de los líderes del futuro, marca la línea en la nueva era de los negocios.

3. Implementar un *social business plan* (desde el *open business*)

El mundo es ya social y los negocios también tienen que ser sociales. Las empresas mejorarán sus modelos de negocio si consiguen fusionar los medios sociales *(social media)* con el *work media* (sistema de trabajo virtual), el *social listening* (escucha activa de las personas), *crowd labor* (trabajo de colaboración distribuida) y el *social intelligence* (capacidad de llevarse bien con los demás y conseguir la cooperación). Si a esto le añadimos el correcto uso de otras tendencias que son y serán claves (como la nube, la portabilidad o el Big Data) y se trabaja desde el auténtico interés la cultura de empresa (comunicación, flexibilidad, conciliación…) y los valores (orgullo de pertenencia, transparencia, autenticidad…), tenemos aquí una buena fórmula para el éxito. Te habrás dado cuenta que no aparece la palabra productividad, ni resultados, ni beneficios… Que no cunda el pánico, toco esto un poquito más adelante, aunque con la suma de todo lo anterior lo normal es que vengan solos.

Entre las ventajas del *social business,* como explica el trabajo *Unlocking value and productivity through social technologies* del McKinsey Global Institute, están:

1. La cocreación de productos.

2. Aprovechar lo social para hacer proyecciones y seguimiento.

3. Posibilidad de distribuir los procesos de negocio.

4. Obtener opiniones de los clientes.

5. Uso de las tecnologías sociales para el marketing y la comunicación, promoviendo la interacción.

6. Generar y promover ventas.

7. Comercio social.

8. Aportar una buena atención al cliente.

9. Mejorar la colaboración y comunicación organizativa interna.

10. Conectar y atraer talento.

A grandes rasgos, facilita todo esto (importante):

1. Acelerar la innovación:

Permite capturar nuevas ideas, de cualquiera.

Utilizar comunidades internas para innovar.

Facilitar la innovación estructurada.

2. Crear experiencias valiosas para el cliente:

Involucrar y escuchar.

Crear comunidad.

Dar apoyo a las ventas y servicios.

3. Impulsar la productividad y la eficacia laboral:

Aumenta la transparencia.

Localizar y generar conocimiento.

Multiplicar el talento externo.

Vale, y ahora a los números, para que nos salgan las cuentas. Según *Social Business by Design,* hay cuatro posibles modos para pensar en la rentabilidad de la inversión (ROI) del *social business:*

- Generación de ingresos

  - Procesos de ventas globales mejorados: aumento del 10% de ingresos por ventas.

  - Aumento de la satisfacción del cliente (30% mayor) y de la retención: aumento de la fidelidad en un 20%.

- Cultura conectada

  - Puesta en marcha más rápida de los nuevos empleados: aumento del 35% en acceso al conocimiento, cultura de empresa...

  - Localización más rápida del conocimiento: acceso un 30% más rápido al conocimiento).

  - Mejores conexiones entre departamentos y equipos internos: aumento del 35% en colaboración y reducción del 20% en gastos de comunicación.

- Aumento de la productividad

  - Ciclos de atención al cliente menores: procesos de apoyo un 30% más rápidos.

  - Mejores decisiones de inversión: aumentan un 20% las decisiones exitosas.

- Reducción de costes

  - Ciclos de apoyo de autoservicio: descienden un 20% los gastos en comunicación y un 15% los costes operativos.

  - Menos barreras de distancia y tiempo para colaborar: 20% de reducción en gastos de viaje y comunicaciones).

¿Riesgos? Sí, también los hay. Los desafíos y riesgos asociados al *social business* están relacionados con las propuestas de valor (reputación de la marca), recursos clave (filtraciones de información sensible) y actividades clave (productividad del empleado, seguridad de datos/privacidad, y revelación no intencionada de información de la compañía). Más las barreras internas, por supuesto: falta de entendimiento de la dirección, miedo a la falta de control y desjerarquización, falta de incentivos, temor a desafiar las normas, a cambiar lo establecido, gestión del trabajo virtual...

Pero son miedos que habrá que superar. Renovarse o morir. La fusión total digital, como dicen los expertos, está destinada a triunfar en esta era en la que todo gira en torno al cliente, a la persona, a lo social. ¿Por dónde empezamos?

4. Para cambiar la gestión, hace falta cambiar la mentalidad

Es el mantra que suena de fondo en este libro: cambio de mentalidad, cambio de mentalidad... Es necesario promover el cambio para pasar del modelo de productividad basados en la industria (centrados en el producto, fordista, sólido) hacia un modelo de productividad basado en el conocimiento (centrados en el cliente, flexible, líquido). Y para ello tenemos que cambiar primero la mentalidad; hay que conseguir que los líderes abran sus mentes. Por cierto que en la definición de líder también entramos tú y yo, como motores de cambio de nosotros mismos y nuestros entornos más cercanos. Como dijo el especialista en liderazgo y autor de once libros de gran éxito y muchas ventas (entre ellos el libro *El líder que no tenía cargo*) Robin Sharma en una entrevista para Infojobs Executive:

> «El liderazgo tiene menos que ver con la magnitud del cargo corporativo que usted ocupa y más con la intensidad de su compromiso. He visto a empleados de primera línea, conductores de taxi e instaladores de alfombras que realizan su trabajo con la misma pasión que Picasso. La esencia del liderazgo no es la autoridad, sino la elección de lo que usted puede hacer para realizar de la

mejor forma posible su trabajo, independientemente de donde se encuentre».

Él habla de la democratización del liderazgo, porque todos somos responsables de lo que hagamos para que nuestras organizaciones sobrevivan; y no sólo a estas les irá mejor, también a nosotros mismos: «los mejores líderes y las mejores empresas tienen hambre de mejoras».

Es vital que los empleadores actuales aprendan cómo sacar provecho de la tercera ola en la virtualización de trabajo, implantando el *social business*. Cualquier plan estratégico debe comenzar con metas claras, siendo una de ellas la de apoyar una mayor colaboración y flexibilidad para innovar mejor y más rápido. Conste: esto no significa para nada que se deba despedir a gente, ni externalizar todos los servicios, pero sí tener en cuenta a esa masa que ya sea voluntariamente o por necesidad ofrece un trabajo nómada y puede aportar valor de otra manera (masa cada vez más significativa), así como hacer cálculos y auditorías para ver qué vestigios de empresas del pasado aún quedan que lastran la innovación y renovación.

Aunque para la gran mayoría todavía lo normal, e incluso deseable, es tener un empleo fijo en un lugar fijo y con un horario fijo, realizando las tareas que tengan asignadas a cambio de un salario y una serie de prestaciones sociales que les proporcione cierta seguridad económica (habría que revisar, eso sí, cómo son esos salarios y prestaciones, la seguridad que realmente sienten, no vaya a ser que esté confundida con miedo, y el ambiente en que a diario respiran), este modelo cada vez se percibe más como poco productivo, escasamente satisfactorio para el empleado (recientemente saltaba la noticia en España del aumento del absentismo laboral, probablemente por lo que hay en el paréntesis de más arriba) y poco eficaz para el empresario.

Recordemos además que llegan por detrás generaciones de jóvenes acostumbrados a Internet y, por lo tanto, a comunicarse con quien quieran, cuando quieran, desde cualquier parte del mundo; que no entienden los límites tradicionales establecidos entre vida personal y laboral, prefieren hacer algo que les guste a todas horas, y a quienes les espanta la idea de estar infinidad de horas atados a una silla en una oficina. ¡Si sus herramientas de trabajo son portables! Jóvenes que aprecian su libertad personal, anteponiendo valores o gratificaciones laborales al dinero.

Si hay algún director de Recursos Humanos leyendo es probable que piense: «Hey, nosotros ya hemos implementado políticas flexibles en la empresa». Hum… ¿para quién? ¿Para madres/padres que pueden reducir su jornada –y por cierto también su salario– hasta que su hijo cumpla 8 o 9 años? ¿Es que a partir de los 9 dejan de dar guerra y ya no necesitan que les lleven o traigan del cole o no se ponen enfermos? ¿Ampliar a cinco días el permiso por fallecimiento de un familiar directo? ¿Quién establece el dolor por la pérdida o el grado de conexión emocional que se tiene con uno menos directo? ¿Teletrabajo uno o dos días a la semana? Bien: ¿cuántos jefes se ponen nerviosos esos días porque no tienen a sus trabajadores presentes? ¿Y cuántos empleados no se acogen a las políticas flexibles porque temen perder cuotas de poder si no se les ve por los pasillos? ¿Y qué ocurre si por una rehabilitación alguien tiene que estar durante meses yendo al fisio y sólo le dan cita a las doce del mediodía? Total, le parte la jornada y con lo que tarda en ir y volver a la oficina, mejor se coge la baja esos meses... ¿Quién sale perdiendo? Realmente, ¿qué más da cómo el empleado gestione su vida y su tiempo, siempre y cuando cumpla con sus obligaciones, sea coherente y presente los resultados a los que se ha comprometido? Es más, cuanto más libre se sienta, cuanto más se confíe en él, de un modo más adulto se comportará y mejor será su respuesta. Se supone que está contratado en tu empresa porque es bueno en lo que hace, ¿no? Flexibilidad no debiera confundirse con apañar con tiritas, ni dar regalos, es un cambio de mentalidad real que se traduce en un cambio de gestión también real y profundo.

Por favor, que nadie se sienta ofendido, planteo las cuestiones de una manera directa para remarcar la importancia que tiene esto. Porque los tiempos así lo exigen, como nos recuerda todo el rato el término exponencial. Esto va a ir a más, y mejor que el progreso nos pille preparados que confesados. En esencia, se trata de confiar, de confiar en el otro, y cuando uno confía cede el control. Las empresas más vanguardistas han adoptado la fórmula de medir la productividad de sus empleados por objetivos y resultados, y no por las horas de trabajo que echan sentados en una silla. Se instaura el trabajo flexible, de forma natural. No se trata de que desaparezca el contacto físico, ¡al contario! Sigue siendo del todo necesario. Se trata de poder elegir cuándo teletrabajo y cuándo me hago presencial. De minimizar la presencialidad en aras de una mejor productividad. Cada individuo elige dónde y cómo trabajar.

En empresas con varias generaciones dentro de los equipos de trabajo, permite que cada uno elija su propio estilo para conseguir los objetivos. Ahí está el riesgo, el miedo, la parálisis, aunque… no debe de dar malos resultados si ya hay empresas como Microsoft, IBM, Vodafone, Panda, Kellog's o Cisco, entre bastantes otras, que lo están implementando. Tienen las tecnologías adecuadas, es cierto, pero también son muy grandes, gestionan a miles de personas y, aun así, son capaces de adoptar nuevos modelos de gestión, con sus aciertos y pruebas, que no fallos. Creo que la clave está en que tienen mentes pensantes que miran al futuro y hacen todo lo posible por garantizar su subsistencia y la de los suyos.

Tata Consultancy Services, empresa en la que el 85% de sus trabajadores no están contratados ni atados formalmente, propone cuatro ideas que funcionan en cualquier proyecto social, colaborativo:

1. Las metas deben estar claras desde el principio, así como la designación de las funciones clave, los compromisos y cuáles serán las reglas de juego.

2. Los líderes definen la visión, establecen los límites para, a continuación, ceder el control. Entienden que el liderazgo del proyecto no es un juego de poder y que la operatividad y la productividad aumentan cuando las organizaciones operan en red, no de manera piramidal.

3. Los roles, los compromisos y los resultados se miden, pero antes han sido bien comunicados.

4. El mantra de la cultura de empresa es confiar en las personas. Yo añado: tratar a los empleados como adultos, pues son responsables, por eso se les ha contratado, y no como niños a los que hay que vigilar y decidir por ellos.

5. Reconcebir los espacios de trabajo físicos.

El primer punto no necesita mucha explicación, así que mejor centrémonos en el que más cuesta: el número dos, que está directamente ligado con el cuatro.

5. De pirámide a red: toca confiar y ceder el control

Probablemente lo que más resistencia al cambio provoca es la pérdida de poder. Lo vemos cuando hay elecciones: ¿realmente los políticos lo pasan tan, tan mal y pelean tan, tan fuerte, y tan, tan sucio por conservar sus puestos, porque lo peor que les puede pasar es dejar de servir a los ciudadanos? Seguro que los hay, pero la mayoría, por desgracia –a los hechos nacionales me remito–, lo que no quieren es perder el poder. Bueno, la sociedad globalizada y social también está cambiando esto. El romper la estructura hiperjerarquizada, piramidal, en la que los de arriba mandan mucho y los de abajo obedecen y cuentan poco, está en franca decadencia.

La mayoría de las empresas todavía se dirigen de manera autocrática: el poder está repartido entre muy pocos (CEO/director general) que derivan parte a los directores o jefes de área, basándose en un sistema de órdenes que va de arriba abajo, mientras que el reporte va en sentido contrario. La burocracia o lentitud para reaccionar, opacidad (los directivos acaparan el conocimiento en lugar de compartirlo con el resto de los empleados, incentivando así el insano cotilleo), políticas envenenadas y luchas sucias por llegar al poder o estar cerca del mismo y el teléfono escacharrado (los de arriba se enteran de lo que pasa abajo –cuando se enteran– según interese a los que están en mitad del sándwich) son algo típico en este tipo de organizaciones. Los que se amoldan a la cultura son ascendidos. Los que cuestionan el *statu quo* son marginados. O despedidos.

Al final las empresas enferman, sus ambientes laborales son nocivos, los trabajadores se sienten infelices y poco valorados, por lo cual no se involucran e incluso hablan mal de ella, convirtiéndose en los peores embajadores de marca que existe. Adiós creatividad, adiós innovación, adiós talento. Quienes defienden este modelo de gestión se ven obligados a cambiar cuando llegan a un punto crítico, pero suele ser demasiado tarde: llegan los recortes, los despidos, los *pulls,* más miedo, más control, más ambiente enfermo. No a todas les sucede este triste juego de dominó, y a menudo hay buena gente con buenas intenciones tanto arriba, como abajo y en el medio, pero es el sistema el que no se sostiene. Por supuesto cierta jerarquización es normal y en según qué tipo de empresas deseable para establecer los objetivos, los marcos, las reglas del juego, pero los índices de insatisfacción laboral actuales en tantas partes del mundo son preocupantes. La tendencia hacia la holocracia es imparable; es necesaria, porque cuenta con la opinión y aportación de cualquier persona dentro de la compañía. Y eso supone un gran cambio de mentalidad. Nos da miedo el cambio pero ante panoramas como este, ¿cómo no vamos a desear cambiar?

¿Hacia dónde? ¿De qué manera? Ahí van algunas propuestas:

- Reconstruyendo los flujos de trabajo para aprovechar el talento tanto remoto como interno.

- Facilitando estructuras horizontales, el trabajo en red: no sólo en línea, sino con forma de red, en el que la comunicación fluya con facilidad, se empodere a todos los miembros del equipo y se practique una activa escucha de todas las capas de la organización.

- Creando espacios de trabajo agradables, inspiradores y abiertos.

- Practicando la transparencia, de verdad. Involucrando e informando a los empleados.

- Dejando de medir las aportaciones o *input* (horas trabajadas) y medir los datos del rendimiento u *output* (consecución de objetivos).

- Buscando un equilibrio entre estructura y flexibilidad.

Lynda Gratton, lo vimos al principio del libro, auguraba la desaparición del jefe medio. Creo que la transición hacia la eliminación completa del gerente llevará su tiempo, pero la realidad es que ya hay más de 300 empresas (Basecamp, Zappos, Medium…) que operan bajo el sistema llamado Holacracy en el que no hay jefes. Merece la penar fijarse en cómo funciona, pues por ahí irán los tiros. Aunque no se implemente de modo radical, me parecen muy sensatas muchas de las cosas que defienden para trasladarlas a otro tipo de empresas. El objetivo de Holacracy es distribuir el poder y la toma de decisiones en toda la organización y capacitar a los empleados para que actúen con más autonomía. Según Holacracy.org, «el trabajo está en realidad más estructurado que en una empresa convencional, simplemente se hace de diferente manera». ¿Cómo lo hacen?

- Estructura organizativa flexible: con roles y responsabilidades claras.

- Nuevo formato de reuniones: orientado hacia la acción y la eliminación de exceso de análisis.

- Más autonomía para los equipos y las personas: ofrecer herramientas para que los individuos resuelvan los problemas ellos mismos y acabar así con la burocracia.

- Único proceso de toma de decisiones: para evolucionar continuamente la estructura de la organización.

En palabras de Brian J. Robertson, fundador de HolacracyOne:

> «Holacracy es un sistema de gestión revolucionario que redefine la gestión y convierte a todos en un líder. Esto no es anarquía, sino todo lo contrario. Distribuye la autoridad y la toma de decisiones en toda la organización, y define las personas no por jerarquía y títulos, sino por roles. Holacracy crea organizaciones que son rápidas, ágiles, y facilita el éxito al perseguir los objetivos sin seguir un plan o una fecha artificiales».

Buffer, por ejemplo, ha hecho un programa piloto que permite a los empleados llevar a cabo autocríticas sin depender de los gerentes. Cada miembro del equipo revisa su propio desempeño antes de invitar a tres colegas cercanos a que le ofrezcan consejos y sugerencias para mejoras.

En Basecamp, el equipo de servicio al cliente hace turnos para ser el líder del equipo cada semana. De este modo se produce el liderazgo sin necesidad de una jerarquía, a la vez que potencia que todo el mundo sea más empático hacia los demás, por los distintos roles que ejercen. En esta manera de gestión en rotación, la promoción es horizontal, no vertical. Por su parte Treehouse, una plataforma en línea para aprender código, tiene una estructura plana sin gerentes, en las que las personas son propietarias de los proyectos que crean. Cada equipo de proyecto decide cómo quieren trabajar: pueden elegir a un líder si quieren, o permitir que un líder emerja de forma natural, o trabajar en colaboración sin ningún tipo de líder. Y los trabajos salen, y bien, por cierto.

Esto es sólo una pincelada, toda la información completa sobre su funcionamiento, más complejo y definido de lo que he expuesto, está en su página web. A diferencia de Microsoft o Cisco, estas corporaciones son más o menos pequeñas pero tienen en común su voluntad de innovar, experimentar, basándose en las personas, en la eficacia y en el equilibrio.

6. ¿Cómo son los espacios laborales del futuro?

Mucho más apetecibles que los actuales, en cuanto a diseño e imagen, y mil veces más operativos. Pensemos que los espacios en los que actualmente trabajamos se crearon en su día para albergar la tecnología y las herramientas que los trabajadores necesitaban antaño: puestos de trabajo estáticos y asignados, con ordenadores u otra maquinaria de cable y enchufe, así como para reforzar la jerarquía; despachos a tutiplén, para designar importancia y también por opacidad. Alquiler o compra de muchos metros cuadrados, más las consiguientes plazas de aparcamiento para los afortunados, etc. Una gestión bastante cara.

Francisco Vázquez habla de los espacios laborales del futuro

Ahora, en el ámbito de trabajo del conocimiento, los extras son el punto central de colocación, por lo que el espacio físico debe ser optimizado. Las oficinas privadas y cubículos están siendo reemplazados por espacios de trabajo más flexibles, comunales y transparentes. En ellos no hay puestos asignados, sino que cada uno, cuando necesita presencialidad, se sienta donde quiere, ahorrando así espacio pero también potenciando la equidad.

Francisco Vázquez, presidente de la empresa española 3G Office, dedicada a la arquitectura, ingeniería, gestión de proyectos, consultoría y gestión de espacios abiertos, lo explica así:

> «El trabajo del futuro está basado en la colaboración en equipo y para ello no pueden existir las barreras físicas. En nuestras oficinas de Madrid no hay sitios determinados, aunque sí distintas salas de reuniones, porque de lo que se trata es de incentivar la flexibilidad y la autonomía de los empleados, que cuando lo necesiten encuentren un lugar apropiado donde reunirse o trabajar, pero que no estén atados a la oficina».

3G Office ha sido precisamente el encargado de remodelar los espacios de Microsoft para adaptarlos a esta tendencia:

> «Todas las empresas del Ibex35 en España son conscientes de esta necesidad y están interesadas en ello –explica Francisco–. Algunas han hecho un piloto más avanzado, otras menos, pero todas lo tienen en la cabeza. A excepción de muy poquitas empresas, como Microsoft, que sí ha hecho un cambio total en su gestión, el resto va dando pasos más pequeños, como por ejemplo agrandar los espacios de reuniones pensando en lo colaborativo o facilitar cierta flexibilidad interna. Pero aún siguen asignando puesto a cargo. Vamos con retraso, como de puntillas. Otros países lo están implementando con mucha más rapidez, como Estados Unidos. Incluso los países latinoamericanos, que históricamente estaban más atrasados en este tema, están recuperando posiciones muy rápidamente. Están más abiertos al cambio que en Europa. En México, por ejemplo, se prevé que en unos años el 70% de la población activa sea milénica, con lo cual están muy interesados en adaptarse al futuro en todos los sentidos».

En España el 80% de las oficinas todavía son tradicionales. Pero el rediseño hacia nuevos espacios laborales no se ciñe sólo a cargarse los despachos:

<blockquote>

«Eso es sólo una anécdota; lo realmente importante es la movilidad: ya no necesitamos estar presentes en un lugar para desarrollar nuestro trabajo. Entonces, ¿qué sentido tiene ocupar tanto espacio? Hemos hecho un estudio que nos dice que el 50% de los puestos de trabajo tradicionalmente asignados –ya sean de despacho o no– están vacíos la mayor parte del día. Y eso que de momento nos hemos digitalizado más a nivel personal que en empresa, pero cuando lo hagan y sus políticas corporativas incluyan el dar dispositivos móviles de trabajo a sus empleados, se acabó. ¡No va a ir nadie! Todos preferimos conciliar nuestras vidas. Tenemos que olvidarnos del concepto oficina; habrá algo, que todavía está por definir, que serán un conjunto de espacios que tu empresa, o las empresas para las que colabores, dotarán para facilitarte tu actividad. Pero podrá ser en un Starbucks, centros de negocios, acuerdos con hoteles… O pequeñas sedes corporativas. La sede corporativa será el lugar al que irás para hacer sólo aquello que no puedas hacer de manera remota: el contacto cara a cara *(face to face)*, por ejemplo, que seguirá siendo necesario».

</blockquote>

Porque nos saldrá a cuenta a los trabajadores, pero también a cuenta para las arcas de la empresa: de media, una compañía que diseñe un nuevo edificio basándose en una filosofía de espacios abiertos y trabajo en remoto necesitará entre un 10 y un 30% menos de terreno. La remodelación de Microsoft, situado en el edificio del Parque Empresarial de la Finca, en Pozuelo de Alarcón de Madrid, siguió el programa Workplace Advantage, que se basa en dar libertad a sus empleados para que trabajen en cualquier puesto dentro de la oficina o fuera de ella. Al eliminar los puestos tradicionales se liberaron 3.000 de los 9.000 metros cuadrados que tenía. El resto de las grandes, como el BBVA en su nueva cuidad financiera, de momento opta por dar esos pequeños pasos como implantar un horario semiflexible para parte de sus empleados, como poder entrar o salir más tarde, y eliminar los despachos, lo que puede quedarse en anécdota o simbolizar realmente un desplazamiento de la pirámide. Eso sí, la jornada seguirá siendo presencial y de 7 horas y 45 minutos. En cualquier caso, todo indica que serán muy bienvenidos los cambios.

Y es que las empresas inteligentes utilizan el rediseño del espacio físico como una oportunidad para repensar los procesos de trabajo y diseño organizacional. Además de la reducción de costos, el rediseño moderniza la cultura de la empresa. Dar valor al *cotrabajo* (flexibilidad para trabajar en un espacio con personas de otros perfiles) y al *hotdesking* (cambiar de puesto) tiene otra gran ventaja: incrementar en más de un 20% la productividad de sus empleados.

En cuanto a la estética y decoración, rápidamente a todos nos viene la imagen de las oficinas de Google, Candy Crush, SelgasCano, Facebook, Lego… Espacios divertidos, armónicos, abiertos, luminosos, que proporcionan un ambiente de trabajo feliz e inspirador para impulsar la creatividad y el desarrollo personal y del producto. Y que también ofrece servicios, ya sea en forma de futbolín o sala de masajes, para ayudar a sus empleados a desconectar y desestresarse. La mayoría de estas organizaciones –muchas multinacionales, con miles de empleados a sus espaldas– que apuestan por crear espacios impactantes y superapetecibles, como por ejemplo al ofrecer comida gratuita, acaban fomentando una relativa presencialidad, porque es agradable trabajar ahí. El punto está en que sea el trabajador el que así lo elija. Pero no sólo son las tecnológicas las empresas que lideran el cambio.

> «El primer modelo de empresa abierta sin puestos asignados no lo creó una tecnológica –cuenta Francisco Vázquez–, sino una aseguradora holandesa en el año 98. Lo que pasa es que por la propia tecnología con la que trabajan les resulta más fácil: es el concepto que venden el que se aplican a sí mismos, aunque es verdad que funcionan de un modo híbrido. Pero hay ejemplos increíbles que son menos conocidos y que están revolucionando el concepto del trabajo como, por ejemplo, Unilever, GB Food (Gallina Blanca) en el sector de bienes y consumos».

Sedes corporativas agradables, atractivas e inspiradoras, que ofrezcan multitud de tipologías: salas de reuniones para el trabajo en equipo, cabinas para videoconferencias, lugares para concentración o el descanso, espacios para el café... y sin sitios fijos asignados... Es algo que recuerda a una realidad que ya existe: los espacios de cotrabajo.

6.1. Los centros de operaciones *(hubs)* urbanos o espacios de cotrabajo se cuelan en las empresas

Menciono este tipo de emplazamientos profesionales porque son uno de los que mejor se adaptan al perfil nómada y también porque están aprendiendo de ellos las grandes empresas. Algunas incluso han abierto espacios específicos para acoger a *coworkers* externos que nada tienen que ver con ellos. El primer centro de operaciones nació en 2005, basándose en el concepto de *coworking* (cotrabajo) que Bernie DeKoven había acuñado ya en 1999; lo abrió Brad Neuberg con el nombre de Hat Factory en San Francisco. Desde entonces su crecimiento ha sido del 300%, sobrepasando ya la cifra de 2.000 centros en todo el mundo. Estados Unidos, Alemania y España son algunos de los países donde mejor funcionan. ¿Por qué son tan interesantes? En gran parte por lo que ya hemos visto: ofrecen lugares de trabajo abiertos, con la tecnología actual (en verdad una buena conexión wifi o fibra óptica para Internet, porque cada uno se lleva su portátil o aquel dispositivo con lo que trabaje) y entornos creativos. Un equilibrio entre confort y funcionalidad; además de las mesas de trabajo (o minicubículos) que uno alquila, la mayoría ofrecen salas de reuniones, sofás para relajarse, cafetería o cocina, zonas comunes, salitas privadas para videoconferencias, etc. Muchos también trabajan como centros de asesoramiento para el *freelance* y ofrecen servicios de domiciliación fiscal, legal y comercial, soporte informático, etc. Lo positivo que tienen es que facilitan la conexión entre personas que prefieren no trabajar todo el rato desde sus casas, promoviendo así el *networking,* el trabajo en red y la creatividad. Algunos espacios de *coworking* se especializan, incrementando así las posibilidades de sinergias entre mismos actores de un sector, a los que les es más fácil recomendar o buscar colegas para llevar a cabo un trabajo colaborativo. Frente al prototipo de trabajador virtual de la segunda ola, el de la tercera busca estar en contacto, generar riqueza en red o comunidad y compartir el conocimiento. Ya no se teme exponer una idea por miedo a que te la roben, sino que las ideas se comparten para que sean enriquecidas por los demás.

Algunos de estos *hubs* son creados por empresas para sus propios trabajadores sin ataduras; para las organizaciones esta inversión les merece la pena porque se traduce en una mayor participación de los trabajadores móviles y más innovación. Los espacios de *coworking* son para el trabajo del conocimiento un complemento ideal. Estupendos focos de talento donde se comparten técnicas, contactos e intereses, de las que a menudo surgen *startups*. Por eso empresas como Ford Motor Company (qué ironía, si el señor Ford levantara la cabeza…) se asoció con los fundadores de TechShop para lanzar TechShop Detroit, un taller de 33.000 metros cuadrados *do it yourself* que está abierto a los empleados (con un 50% de descuento), no empleados y jubilados. Ya es una realidad: se reconstruyen los flujos de trabajo para aprovechar el talento remoto, a la vez que se recupera lo mejor de lo que había antes de la globalización: generación de comunidades laborales eficientes pero basadas en relaciones humanas profundas.

6.2. Nueva consigna: humanizarse

Ya que hablamos de relaciones humanas, aprovecho para mencionar otra de las cosas hacia las que tienden las empresas con futuro: a humanizarse. Esto está ligado a lo social (y por lo tanto al *social business plan)*. La conexión e interacción social es una de las características que más valoramos los seres humanos: conectar, comunicarnos, escuchar y ser escuchados, hablar, compartir. Las redes sociales, el progreso de las nuevas tecnologías, al contrario de lo que piensan muchos que acusan a esta era de soledad o individualismo, lo que han hecho es potenciar esto: multiplicar nuestras vías de comunicación y tener contacto humano –por muy virtual que sea– con más gente, que está más lejos. El renacer de lo co-. Los usuarios estrechamos más lazos, de algún modo nos volvemos más humanos, en cuanto que generamos comunidades, colectivos, participamos de grupos y es algo que también deben aprovechar las empresas. No me refiero a humanizar los productos y servicios que venden, pues eso es algo que ya prácticamente hacen todas: no hay más que ver los spots de televisión o campañas en línea, en las que se apela cada vez más a las emociones y los sentimientos. Hablo de humanizar la propia empresa. Trabajar la marca corporativa desde esta perspectiva.

6.2.1. Porque quién eres –como empresa– importa más que lo que haces

Así de rotunda es la afirmación a la que llega el prestigioso Reputation Institute en su informe The Global RepTrak®100: The World's Most Reputable Companies (2015). Un estudio que este instituto lleva a cabo anualmente, y en el que, a través de más de 61.000 entrevistas hechas a los consumidores de quince países, mide la reputación de cien de las empresas y compañías más conocidas para acabar realizando una clasificación que Forbes se encarga de darnos a conocer. Para ello, las tres preguntas que el instituto intenta responder a través de estas encuestas, son: ¿qué empresas son las más respetadas por los consumidores?, ¿qué motiva a sus clientes a confiar en ellas? y ¿qué hacen esas firmas para cumplir con las expectativas de su público?

En 2015, el *top five* de esta codiciada lista quedó así: 1. BMW Group 2. Google 3. Daimler 4. Rolex 5. Lego.

Más allá de la noticia que es en sí misma la lista, lo importante del estudio se centra en esta frase o conclusión: «Who you are matters more than what you do» [quién eres importa más que lo que haces]. Y es que, en el mercado, hay dos factores que son los que afectan directamente a la reputación: producto y empresa. Y –confirmado queda– pesa mucho más la segunda que lo primero.

- Empresa 60% (que incluye la valoración de lugar de trabajo + gobernanza + ciudadanía + liderazgo + desempeño financiero) Producto 40% (productos/servicios + innovación).

¿Qué características en común tienen esas empresas que superaron el RepTrak ® 100 para acabar liderando la lista?

A) La fuerza de la marca.

Que los encuestados consideran tienen debido a que:

1. Se comunican más con los consumidores.

2. Son más consistentes en sus comunicaciones.

B) La personalidad de la marca.

Simple & amigable (Google/Lego/Walt Disney...), guay & interesante (Apple/BMW/Google...), técnica & ambiciosa (Google/Apple/BMW/Rolex…), arrogante & resistente (Rolex/Daimler/Diageo...).

Es decir, lo que importa es comunicar, generar cercanía y ser transparentes. Cómo expresamos/hablamos/transmitimos sobre nuestra marca, y la personalidad (auténtica) de la que dotamos a la misma.

¿Cómo puede conseguirse esto? Aprovechando el potencial de la estrategia de la marca digital, creando conversaciones a través de sus canales, desarrollando relaciones más profundas y duraderas con los consumidores. Conectando emocionalmente, desde la transparencia, con sus públicos objetivos. Participando en la conversación, alineando sus mensajes, reaccionando con rapidez y aportando valor.

¿Y qué hace falta para esto? Una escucha activa, para poder establecer después un dialogo abierto, honesto y basado en la confianza con sus consumidores. Actualmente sólo el 39% de las empresas a nivel global utiliza los medios sociales como un canal de atención al cliente *(social customer service),* aunque el 73% de las mismas están preocupadas por los comentarios que se dicen sobre ellas en estos canales. Está muy bien, es vital, crear perfiles de empresas en las redes sociales, pero siempre y cuando se las utilice del modo correcto. No son canales unidireccionales, sino bidireccionales, cuyo fin último es generar una comunidad. Tienen que aprender a conectar de manera empática con ella, a través de características humanas. Pero será del todo imposible humanizarse y transmitir esa humanidad auténticamente, si antes no se escucha, valora y empodera a quienes trabajan en ellas. Antes de pretender tener prescriptores en los usuarios, es necesario que los mejores embajadores de marca sean los empleados.

Cada vez más, el valor de la organización se centrará en su capital social, es decir, el valor de las redes y relaciones que se den dentro de las empresas, a través de las empresas –y con otras empresas– y en el sentido más amplio de comunidad y ecosistemas. Estas relaciones humanas serán el motor de la innovación y exigirá a las empresas combinar bienes y recursos de maneras cada vez más creativas para llegar a buen puerto.

7. La verdadera innovación no es el I+D, sino la calidad de empleo

En un mundo hiperconectado, altamente competitivo y digitalizado, las empresas que tengan su futuro garantizado son las que sumen a su vocabulario diario la palabra innovar. La innovación es el salvoconducto hacia el futuro prometedor. La rosa de los vientos que mira y guía al norte. El problema es que... hemos entendido mal de qué va esto de innovar. Dentro del estudio elaborado por el BBVA sobre las empresas del futuro, Chris Warhust y Sally Wrigth aportan la clave esencial en cuanto a innovación se refiere. Que esta es la ventaja competitiva de las empresas nadie lo duda. Es más, la Unión Europea la considera el motor general de recuperación económica y crecimiento, siendo la unión por la innovación una de las siete iniciativas primordiales dentro de Europa 2020. El problema es, como argumentan W & W, que «la innovación está malinterpretada y sus potenciadores mal diagnosticados».

¿Cómo se entiende actualmente la innovación? Según el *Manual de Oslo,* adoptado por la Comisión Europea, hay cuatro tipos de innovación dentro de dos categorías: innovaciones tecnológicas y no tecnológicas.

1. Las tecnológicas:

a) Productos: introducción de un bien o servicio que es nuevo y está notablemente mejorado respecto a sus características o usos previstos.

b) Procesos: implementación de un método de producción o de entrega nuevo o significativamente mejorado.

2. Las no tecnológicas:

a) Innovaciones organizativas: implementación de un nuevo método de organización en las prácticas de negocio de la empresa, en su entorno laboral o en sus relaciones con el exterior.

b) Marketing: introducción de un nuevo método de mercadotecnia que implica cambios relevantes en diseño o empaquetado de producto, emplazamiento y promoción o fijación del precio.

¿Cuáles son las aportaciones al impulso de la innovación? La Unión Europea identifica tres habilitadores.

1. Recursos Humanos, lo que se traduce en más graduados y doctorados universitarios.

2. Entornos de investigación atractivos.

3. Financiación y respaldo; es decir, más I+D y más inversión de capital riesgo.

Este enfoque oficial se centra, como vemos, en la innovación tecnológica y en el modelo ciencia, tecnología e innovación (STI, por sus siglas en inglés). Un enfoque descendente y científico de la innovación, orientado a tener más trabajadores más cualificados y fomentar más I+D para crear más y mejor propiedad intelectual (esto es, productos).

¿Dónde está el error? Así lo explican W & W:

«Lo desconcertante es que ninguno de estos habilitadores contempla el proceso innovador dentro de los lugares de trabajo; en vez de esto son contextuales: se centran en aumentar la oferta de trabajadores cualificados y la financiación para las empresas; eso está bien, pero no es suficiente: este modelo infravalora a los verdaderos potenciadores de la innovación».

Se pasa por alto la «innovación ascendente, incremental, generada en el lugar de trabajo con potencial para reforzar productos, servicios y la manera en que se entregan». Es decir, no se contempla la calidad del trabajo.

«En lugar de fijar como objetivo un gasto mayor en I+D a nivel nacional, algo difícil de conseguir para los gobiernos, se debería prestar más atención a las prácticas de innovación organizativa. Esta clase de innovación es más asequible y tiene mayores probabilidades de crear entornos favorables a la innovación en las empresas».

Haciendo referencia al libro *Management of Innovation,* de Burns y Stalker, asegura que:

«No basta con contratar graduados y doctores, ponerlos a trabajar en instalaciones de I+D y sentarse a esperar a que la propiedad intelectual florezca. En lugar de ello, la gestión, las estructuras organizativas y las prácticas deberían potenciar las ideas y el esfuerzo de los trabajadores. Trabajadores integrados en una estructura en red de control, autoridad y comunicación. Dicha comunicación es más horizontal que vertical y se basa en consultas antes que en órdenes, en información antes que en instrucción».

Trabajo en redes + flexibilidad + comunicación + formación + colaboración = *pow.*

¿Cuáles son los beneficios de innovar dentro del lugar de trabajo, mejorando la calidad del mismo? Las investigaciones indican que la calidad de empleo está claramente correlacionada con:

- satisfacción laboral.

- compromiso.

- bajo absentismo: reduce los costes operativos de una compañía.

- bienestar individual.

- productividad: los sectores más productivos son aquellos con proporciones más altas de empleos de calidad.

Las investigaciones también revelan que aquellos sectores y países con calidad de empleo por encima de la media (nórdicos a la cabeza) son más productivos e innovadores y superan mejor los períodos de crisis. La conclusión, por lo tanto, es que las empresas se benefician al perseguir la calidad de empleo.

Para muestra, los datos:

> «En el ámbito de la sociedad, las inversiones en cambios organizativos influyen en el crecimiento económico hasta en el 10% y dentro de las compañías, la magnitud de los efectos sobre la eficiencia es sustancial, con mejoras de rendimientos de entre el 15 y el 30% para los que invierten en innovación en el entorno laboral».

Según otros estudios que estos expertos recogen, «las mejoras en calidad de empleo mejoran las tasas nacionales de empleo del 60 al 64% y reducen las de desempleo del 10 al 6% a lo largo de un periodo de diez años».

Pero ¿qué constituye la calidad del empleo? He aquí la gran pregunta para la que aún no hay consenso… gubernamental, especificaría yo, pues creo que los trabajadores, emprendedores y demás actores laborales tenemos claro lo que entendemos por calidad laboral, más aún dentro del contexto del *pow*. Según estos expertos, el debate entre los investigadores es cambiante y hay diferencias según las disciplinas. A grandes rasgos:

- los economistas suelen centrarse en el salario;

- los sociólogos, en las aptitudes y la autonomía;

- y los psicólogos, en el grado de satisfacción laboral.

> «Una de las cuestiones clave es si la calidad de empleo puede o debe medirse de forma objetiva o subjetiva. Los indicadores objetivos se centran en las características del trabajo, tanto económicas como no económicas. Los indicadores subjetivos se centran en las actitudes y experiencias relatadas por el empleado en relación a si su trabajo satisface o no sus necesidades. Por todo ello, los planteamientos a la hora de medir también varían. Algunos enfoques evalúan la calidad de empleo usando un único indicador, como el salario; otros utilizan indicadores múltiples, incluidos remuneración, organización del trabajo, sistema de remuneración, seguridad y flexibilidad, aptitudes, oportunidades de desarrollo de aptitudes y compromiso».

La buena noticia es que... Vamos por el buen camino. Parece ser que la necesidad de generar empleo de calidad para innovar va calando. La Red Europea de Innovación Laboral (EUWIN), puesta en marcha en 2013 por la Dirección General de Empresa e Industria de la Comisión Europea (DG ENTR) ha pedido que se amplíen las investigaciones sobre el vínculo entre innovación laboral y calidad de empleo. Es más, la OCDE (Organización para la Cooperación y el Desarrollo Económicos) señala que:

> «Ofrecer a los empleados la oportunidad de desarrollar sus aptitudes es un rasgo definitorio de entornos de trabajo innovadores, pero añade que igualmente lo es la capacidad de los gestores de hacer posible la participación de los empleados. Las relaciones efectivas entre equipo gestor y plantilla importan; implicara los empleados y animarlos a actuar, comunicar y desarrollar sus ideas en el lugar de trabajo favorece la innovación y aumenta la productividad».

Resumiendo: Las investigaciones demuestran que el equipo directivo puede y debe elegir sobre el grado de calidad de empleo que quiere tener para su empresa, pues «en términos de prácticas laborales, la innovación y la calidad de empleo son las dos caras de una misma moneda».

8. La importancia de la captación y retención del talento

La gestión del talento no es todavía una competencia básica o primordial en la mayoría de las empresas, pero lo será. Y es que en esta era del conocimiento, hiperconectada y globalizada, el talento se convierte en el factor diferenciador fundamental que impulsará el éxito de cualquier persona pero también organización e incluso nación. En las principales economías de todo el mundo la fuerza laboral se está reduciendo por el envejecimiento de la población. En toda Europa, la población en edad de trabajar se prevé que disminuya en un 10%, cerca de 50 millones de personas, para el año 2030. China, aunque será nueva superpotencia, tiene un desafío similar: su población en edad de trabajar alcanzó su punto máximo en 2010 y en 2050 más de un cuarto de su población tendrá más de 65 años. En gran parte del mundo desarrollado y de los mercados emergentes en este mismo año, 2050, la proporción de la población mayor de 65 años superará la cuota de menos de 15 años de edad. Algo nunca antes visto en la historia de la humanidad. Y es una de las razones que está haciendo revisar sus programas y leyes sobre edad de jubilación y que asimismo está haciendo pensar cómo gestionar esto a muchas empresas. A la vez, aparecen nuevas generaciones de personas que miran su futuro profesional de otra manera. Actualmente más del 50% de la plantilla laboral son ya milénicos, pero para el año 2030 alcanzarán hasta el 75% de nuestra fuerza laboral. Y como sabemos, valoran cosas como la libertad, flexibilidad o reconocimiento por encima del sueldo, por lo cual retenerlos supondrá un reto. Según una encuesta, casi la mitad de estos jóvenes están pensando ya en el siguiente trabajo cuando aún no han terminado ni los seis primeros meses dentro del que están. Y no es sólo algo propio de esta generación Y; cada vez son más los profesionales que ya no consideran el salario fijo como un factor determinante a la hora de aceptar un nuevo empleo.

Virginio Gallardo analiza la importancia
de la captación y retención del talento

Cerca del 75% de participantes en una encuesta sobre motivaciones para aceptar un trabajo dan mayor prioridad a la posibilidad de conciliar vida profesional y laboral, la proyección de carrera personal que la empresa les pueda ofrecer, el valor añadido del producto/servicio o la remuneración variable. Estudiar las maneras de captar, pero también retener, el talento, es un tema que las empresas que miren al futuro debieran ya empezar a pensar. Cada vez son más los departamentos de Recursos Humanos que encuentran en las nuevas tecnologías e Internet una inestimable ayuda para captar talento, siendo la principal estrategia la fidelización de capital humano *(employer branding):* un plan que combina el marketing y los Recursos Humanos para conseguir un buen posicionamiento en el mercado laboral y resultar así atractivos a los candidatos, que son quienes elegirán a sus empleadores. Virginio Gallardo, socio director en Humannova, y experto en Recursos Humanos, gestión del cambio e innovación, comparte con nosotros parte de su artículo «15 retos de Recursos Humanos para crear una organización con capacidad disruptiva», en el que ofrece algunas ideas a las áreas de Recursos Humanos y a las empresas en general, sobre qué aspectos son básicos en gestión del talento para que las organizaciones puedan desarrollar esta capacidad disruptiva:

- Formar y desarrollar a todas las personas en innovación, continua/radical (gestión cambio), pues la innovación disruptiva suelen nacer cómo combinación de mejoras.

- Sistemas flexibles de planificación. Cambiar tipo y duración de sistemas de objetivos (semestrales, por proyecto) segmentando según áreas/colectivos organizativos.

- Recompensar de forma dinámica la innovación con sistemas variables dinámicos *(bonus proposal)* o fijos *(one shot rewards)* por asunción de roles temporales.

- Reconocer el rol/potencial intraemprendedor. Sistematizar en los sistemas de gestión de talento intraemprendedor: detección, desarrollo específico, reconocimiento y recompensa.

- Potenciar la inteligencia colectiva y colaborativa. Crear comunidades, dinamizarlas, establecer roles que permitan espacios de conversación y compartir.

- Gestión talento externo diverso. La empresa abierta requiere incorporar en proyectos temporales *knowmads (freelances* expertos) como parte de nuestra plantilla.

- Crear plataformas sociales tecnológicas 2.0. La innovación es un proceso neuronal y social que interconecta ideas y personas donde la tecnología social es imprescindible.

- Potenciar *socialnetworkers.* Incorporar hábitos y formas de trabajo en red que permitan la aceleración de innovación/colaboración interna y externa (con empresas).

- Programas de desarrollo directivo transformador a gerentes, administradores… Se les proporciona nuevos estilos de gestión del talento facilitadores de gestión del cambio y tipos de innovación.

- Espacios/comunidades de creatividad. La innovación requiere espacios creativos y ordenados donde de forma grupal se potencian y selecciona nuevas ideas.

- Proyectos/comunidades de innovación donde, de forma temporal o permanente, se priorizan estructuras que se ocupan de la mejora, la innovación y pilotaje de ideas con presupuestos, patrocinadores y una sistemática.

- Comunidades de integración donde, de forma permanente, con grandes grupos de personas se informa y comparte cambios culturales y nuevas formas de pensar.

- Potenciar cultura innovadora. Los expertos en desarrollo organizativo deben medir y monitorizar aspectos culturales como riesgo, error, autonomía, colaboración, trasparencia o exigencia.

- Potenciar aprendizaje individualizado. Establecer sistemas de soporte a programas de desarrollo individualizado, donde el protagonista son las necesidades individuales. Un excelente innovador es un excelente profesional.

- Potenciar el aprendizaje colectivo social partiendo de que la organización que aprende es una organización que innova, el aprendizaje social es la antesala de la innovación.

9. El Internet de las Cosas

Aunque sin profundizar, no queda más remedio que mencionarlo, porque el uso de las fuentes de datos es algo con lo que las empresas se tendrán que enfrentar en el futuro. El Big Data está cambiando el mundo de los negocios y, por lo tanto, transformando internamente a las empresas, en cuanto que deben generar nuevos puestos de trabajo para este sector, así como ponerse las pilas para digitalizarse y modernizarse, ya que podrá suponer entrada de dinero o dejarte fuera del mercado. Es más, el 80% de las empresas están convencidas de que el Internet de las Cosas será un elemento disruptivo y lo que marcará la próxima década. Los datos, gracias a las poderosas herramientas tecnológicas, ya son la nueva manera de conocer casi en detalle al consumidor e incluso de adelantarse a sus necesidades. Va a revolucionar cómo las marcas se relacionan con los consumidores, entre muchas otras cosas. Las posibilidades que el Big Data abre a las compañías son increíbles, siendo ya un impulsor de los ingresos en sí mismo; se está haciendo tan valioso para los negocios como los productos y servicios existentes. Según un estudio de techproresearch.com, un 29% de las empresas está ya usando el Internet de las Cosas y un 26% lo va a usar en el futuro inmediato. Sin embargo, sólo un 30% están ya sacando partido de esta información o preparándose para poder hacerlo. Aún más grave es este estudio global de Capgemini y EMC, que revela que dos tercios de las empresas (65%) reconocen que están en riesgo de convertirse en poco competitivas a menos que adopten las nuevas soluciones de análisis de datos. La conclusión de este estudio es clara: la capacidad de adquirir todo tipo de datos, transformarlos en información, extraer conclusiones e implementar medidas en función de las mismas, permitirá a las empresas crear modelos de negocio disruptivos; las que lo consigan se encontrarán con que el 20% de sus fuentes de ingresos provendrán de estas ideas en el año 2020.

10. Crear VALOR al empleado (el verdadero reto de la empresa con futuro)

La empresa, como ya sabemos, tiene la obligación de CREAR VALOR.

Pero no sólo con sus productos/servicios y para el cliente… sino para con su gente: valor a sus empleados, a sus profesionales.

De ahí el papel imprescindible que juega hoy día el departamento de RRHH en la tan necesaria Transformación Digital. Transformación Digital entendida como el uso de las nuevas tecnologías -de las que disponemos de manera óptima- para generar una transformación organizacional: es decir, una nueva manera de entender y ejercer el trabajo (lo que pasa irremediablemente por una nueva manera de "pensar el trabajo", un nuevo *mindset)*.

Y esta manera evolucionada de trabajar en este s.XXI es, afortunadamente, poniendo a las PERSONAS en el centro. La compañía con futuro es aquella que está digitalizada y humanizada.

Quizá la pregunta más relevante que hay que plantearse, para saber si estamos dando los pasos correctos hacia esta humanización tangible (no confundir con tener un listado de "Misiones y Valores" colgados en la intranet) sea la siguiente:

¿Qué está haciendo actualmente tu compañía para que tanto el profesional interno como el potencial candidato y colaboradores externos crean que sois la mejor opción?

Para responder a esta cuestión, si formamos parte del sector de Recursos Humanos, es recomendable rescatar las bien conocidas pero a menudo empolvadas por olvidadas siglas EVP. El Employee Value Proposition.

EVP es la propuesta de valor que ofrecen las organizaciones a sus empleados y candidatos (o lo que los empleados obtienen a cambio de su tiempo, capacidades, esfuerzos y resultados).

Y es que la importancia de la empresa no solo radica en la reputación de su producto o servicio, sino -hay que insistir- en el FACTOR HUMANO: qué hace y cómo actúa para el bienestar y beneficio de su gente (y como consecuencia en su entorno). La misión del profesional de RRHH sigue siendo (o es por primera vez en determinadas empresas) poner de verdad al empleado en el centro del modelo de negocio y organizativo para mejorar el entorno laboral, potenciar la calidad del empleo, y que esto se transmita dentro y fuera (retengo y atraigo talento). Todo ello acunado y ayudado por las nuevas tecnologías.

¿En qué suele basarse la estrategia de recompensa original de la EVP?

En 5 elementos:

1. Compensación

2. Beneficios

3. Conciliación

4. Gestión del Desempeño y Reconocimiento

5. Desarrollo Profesional y Oportunidades de Carrera

La novedad, en esta época cambiante y tecnológica, en estos entornos VUCA (Volatility, Uncertainty, Complexity, Ambiguity), es que cada compañía, en función de sus características, deberá desarrollar tantas EVP como colectivos o targets diferenciados tenga.

El EVP es, en definitiva, el pasaporte hacia la Innovación. Innovaciones organizativas significa investigar e implementar nuevos métodos de organización en la práctica de negocio de la empresa, en su entorno laboral o/y en sus relaciones con el exterior. Y esta capacidad de generar creatividad para innovar, a través de la transformación organizativa, lo facilita (y promociona) la CALIDAD DE EMPLEO.

Tener un buen EVP ayuda:

1. A reforzar una identidad corporativa atractiva.

2. A diferenciarme de la competencia.

3. Como estrategia de retención.

4. A que hablen bien de mí (Employee Ambassador).

5. Atraer talento

11. Casos de éxito

Aunque soy más de la escuela del dramaturgo alemán Friedrich Hebbel, por aquello de que «creer posible algo es hacerlo cierto» y «no puedes detener la primavera, pero la puedes aprovechar al máximo», entiendo que los menos poéticos necesitan ver para creer. He aquí una lista de algunas de las empresas que ya forman parte del *pow*. Destaco de las mismas algunas de las ideas que les están funcionando.

Ryan (www.ryan.com)

Empresa de servicios fiscales y legales. Tiene un programa, MyRyan, que permite a los empleados trabajar en cualquier lugar y momento siempre que cumplan con su cometido. No hay horario obligatorio ni oficina fija y tampoco un calendario. En los últimos años han recibido más de cien premios a la excelencia en calidad de empleo, entre ellos el prestigioso Great Place To Work de Fortune en Estados Unidos y Canadá. Sus empleados valoran mucho esta flexibilidad, por lo que se han convertido en un imán de talentos, además de permitirles contar con una plantilla estable (la gente no «se les va»). Además, los indicadores de rendimiento –satisfacción del cliente y beneficios– se han disparado.

Unilever (www.unilever.es)

Empresa de bienes de gran consumo. Se definen a sí mismos como «una multinacional multilocal multicultural con mercados en todo el mundo». Durante los últimos años Unilever ha ido introduciendo modos de trabajar radicalmente nuevos en sus sedes de todo el mundo. A finales de 2009 puso en marcha su Programa de Trabajo Ágil, que contiene los siguientes principios:

- Todos los empleados pueden trabajar en cualquier momento y lugar siempre que cumplan con las necesidades del negocio.

- Los líderes deben dar ejemplo trabajando de un modo ágil.

- El rendimiento se determina por los resultados, no por horas de presencia. Todo empleado tiene un plan personal de trabajo que especifica los resultados deseados y la manera de medirlos.

- Evitar los viajes siempre que sea posible.

- Se evaluará anualmente la capacidad de los directivos de fomentar la agilidad laboral y de esta evaluación dependerá una parte variable de su salario.

Se exige a los líderes que sean un modelo y adopten los principios, la tecnología y los medios del trabajo ágil. Alrededor del 20% de los puestos de altos cargos de Unilever son de libre localización (es decir, quienes los ocupan pueden residir en cualquier lugar del mundo). La empresa invierte cada año en formar a la gente en los objetivos del negocio, en cómo trabajar y colaborar de forma remota y en gestionar y participar en equipos virtuales. Además, es una empresa con conciencia y valores claros:

> «Seguimos creyendo que el éxito significa actuar con los más altos niveles de conducta corporativa hacia nuestros empleados, los clientes, los consumidores, los proveedores y la sociedad y el mundo en el que vivimos. A través de los años lanzamos o

participamos en una creciente gama de iniciativas destinadas a obtener suministros sostenibles de materias primas, a proteger el medio ambiente, a apoyar comunidades locales y mucho más».

Netflix (www.netflix.com)

Empresa comercial de entretenimiento. Confía a sus empleados el control de sus sistemas de trabajo, a la vez que esperan de ellos un alto rendimiento. No les importa cuántas horas hayan dedicado, sino que trabajen bien. Quizá el ejemplo más ilustrativo de esta política es que no hay vacaciones estipuladas. Ya que no se controla el tiempo que dedica la gente a trabajar, tampoco tiene sentido calcular los días que no lo hace.

Una idea que también adoptó Richard Branson e introdujo en las oficinas centrales de Virgin (www.virgin.com) en Estados Unidos y Reino Unido. Como él mismo explica:

«El trabajo flexible ha revolucionado cómo, dónde y cuándo realizamos nuestro trabajo. Así que, si ya no sirve lo de trabajar de nueve a cinco, ¿por qué tendríamos que aplicar reglamentos estrictos a las vacaciones anuales? Dejamos en manos del empleado la responsabilidad de decidir cuándo necesita tomarse unas horas, un día, una semana o un mes libre, porque estamos convencidos de que sólo lo hará cuando esté seguro al cien por cien de que tanto él como su equipo están al día en todos los proyectos y de que su ausencia no va a perjudicar en modo alguno al negocio o, en consecuencia, a su carrera profesional».

Además, a través de su Laboratorio de Ideas, promueven acciones como el micromecenazgo o *crowdfunding* y alientan a sus empleados a convertirse en emprendedores internos, lo que les permite mejorar los niveles de calidad tanto para el personal como para los clientes. Y creen en la escucha activa:

«El Laboratorio de Ideas hace que sea más fácil que nunca escuchar a nuestra gente, incluidos los que trabajan en primera línea y así entender los desafíos de primera mano. Como resultado del escuchar podemos investigar y explorar nuevos desafíos específicos, dando además a todos la oportunidad de sugerir cómo resolverlos. Cada idea se valora, y a veces nos encontramos con que ya está parcial o totalmente lista para adoptarla. Si la idea no puede seguir adelante, hacemos todo lo posible para explicar por qué».

Zappos (www.zappos.com)

Esta empresa de venta de zapatos en línea, descontenta con los resultados de su proceso de contratación (publicaban ofertas que recibían muchas solicitudes de candidatos, pero pocos de ellos se ajustaban a lo que buscaban) ha creado una nueva web corporativa de empleo llamada Inside Zappos, que invita a los candidatos interesados a elegir el departamento que más les gusta, en el que pueden hacer una introducción sobre ellos mismos personalizada, así como a unirse a una red social interna. De este modo, se convierten en lo que llaman Zappos Insider: futuros candidatos que tienen acceso así a la información de la empresa o tienen la posibilidad de conversar con empleados y reclutadores, permitiendo a la empresa conocerles mejor, no sólo como se desenvolverían como trabajadores sino también como son como personas.

TELUS (www.telus.com)

Proveedor de telecomunicaciones canadiense. El 30% de sus empleados trabaja a tiempo completo en un edificio de la empresa y el resto funciona de forma virtual. Sus equipos se reúnen en torno a un propósito en lugar de una función o un departamento, como las ventas o las finanzas. Por ejemplo, las personas que sirven al mismo cliente pueden sentarse juntos, independientemente de su experiencia funcional. Aprovechando la tecnología, los miembros del equipo TELUS pueden trabajar en cualquier piso en el edificio, en espacios compartidos. Cuando se trabaja de forma remota, se puede conectar fácilmente con los miembros de su equipo. Según la compañía, la productividad gracias a este sistema ha aumentado en un 5%. Además ha incluido en sus instalaciones un espacio de cotrabajo para alojar a sus trabajadores virtuales.

Nokia (www.nokia.com)

Multinacional de comunicaciones y tecnología. La construcción de redes de valor *(social business plan)* es crucial para Nokia, por lo que hace años puso en marcha un programa llamado Booster para fomentar la multifuncionalidad y transversalidad, difuminando así el trabajo jerárquico y aumentando la capacidad de adquirir recursos externos. Como ellos mismos explican:

> «La ejecución laboral es a través de una estructura modular, basado en proyectos. Lo que ha cambiado es el desarrollo de plataformas tecnológicas capaces de reunir a miles de personas de todo el mundo con rapidez y facilidad. La capacidad de las redes sociales para crear compromiso es crucial para el éxito a largo plazo de Nokia. Se hizo hincapié en la construcción de una organización más adaptable, flexible y en el uso de todos los talentos de los empleados en la empresa».

Una combinación de técnicas tradicionales de comunicación (talleres cara a cara con los líderes de equipo) y las nuevas formas de interacción (una comunidad en línea). Entre los beneficios que destacan de este programa:

- Escalar más rápido, a nivel mundial: los 5.000 empleados que participan en el grupo recibieron la misma información al mismo tiempo, sea cual sea su nivel, el papel o la ubicación.

- Compartir agendas, incentivar: con demasiada frecuencia en las formas tradicionales de participación y comunicación, los empleados son simplemente oyentes pasivos. Se encontró que la comunidad en línea creaba oportunidades reales para que los empleados participaran en el negocio de manera activa.

- Animar a la cocreación: la cooperación como medio para aprovechar la riqueza de conocimientos y experiencia de los empleados.

- Involucrar a la gente en un viaje, no un evento: «descubrimos que, aunque los eventos de dos días eran importantes, una vez que pasaban se desinflaba el interés. Con la comunidad en línea se aseguró de que el viaje fuera más importante que el evento. Se apoyó a la comunidad mediante la publicación de mensajes, artículos o presentaciones de expertos en el tema, videos de dos minutos de los altos directivos, cuestionarios... De esta manera, se mantuvieron siempre altos los niveles de energía y el compromiso».

ThoughtWorks (www.thoughtworks.com)

Compañía de desarrollo de *software*. Ha creado un conjunto de herramientas novedosas para la organización, como la celebración de elecciones democráticas para concretar equipos y la creación de redes virtuales para ello. Su filosofía es que el liderazgo compartido es mejor para mejorar la toma de decisiones y para crear equilibrio interno. A los líderes se les anima a ser democráticos y auténticos, ya que son elegidos a través de un proceso de elección transversal y votados por sus pares.

- Así son algunos de sus principios: Trabajar codo a codo con clientes que lideran el cambio en el negocio mediante pensamiento disruptivo.

- Sé el mejor en conjunto: Únete a una comunidad que celebra la humanidad, diversidad y el trabajo en equipo.

Su lema: «deja de hacer carrera, empieza a contribuir».

Deloitte (www.deloitte.com)

Con el objetivo de atraer talento joven, la consultora ha creado unos estudios digitales por todos los países donde tienen sede, bajo la marca Deloitte Digital, que operan como si fueran empresas emergentes de Silicon Valley. Además de reducir espacio al no asignar mesas a puestos, ha transformado esos metros cuadrados en lugares que promueven el trabajo en equipo, la colaboración y por tanto la creatividad tanto interna y como externa.

Son sólo algunos ejemplos, ¡hay muchos más! Pero la balanza aún se inclina hacia esto: el estudio *Workforce 2020* elaborado por

Oxford Economics y la empresa SAP explica que aunque son muchas las compañías que reconocen la importancia de gestionar una fuerza laboral cada vez más internacional, diversa y móvil, la mayoría carece de estrategia, cultura y soluciones para hacerlo. Dos tercios de las empresas encuestadas no han hecho progresos significativos en la creación de una fuerza laboral que responda a sus futuros objetivos de negocio.

Concluyo con la reflexión que hace Peter Thomson (director de WiseWork Ltd y una autoridad en el cambiante mundo del trabajo) en su artículo «Nuevas formas de trabajar en la empresa del futuro»:

«La capacidad de combinar trabajo y placer con la ayuda de la tecnología será un factor clave que modelará las vidas de las personas durante la próxima década. Si las empresas no se adaptan a esta tendencia es posible que pierdan a sus mejores talentos, que se marcharán a organizaciones más ágiles u optarán por alguna modalidad de autoempleo. Si asumen que el trabajo es una actividad que se puede desarrollar en cualquier lugar y en cualquier momento, limitarán menos a su plantilla. Y si son capaces de medir y recompensar el rendimiento y de tratar a sus empleados como personas adultas, tendrán éxito. Parece un objetivo fácil pero, sin embargo, choca con la cultura dominante en muchas empresas, y conseguirlo puede exigir una profunda revolución en los estilos de liderazgo».

«Cuando pensamos en las revoluciones tecnológicas casi siempre nos hacemos la pregunta equivocada: ¿cómo va a socavar este avance a mi empresa? Lo que hay que preguntarse es: ¿de qué manera este avance ayudará a mi negocio?».

Seth Godin

5

¿Qué perfil laboral encaja en este futuro? El *knowmad*

Knowmad: el perfil laboral que mejor encaja en el futuro

1. No, no es una moda

Ni un término *pop-up* que nace, eclosiona y rápidamente muere. A la palabra *knowmad* le pasa como a *millennial:* sirve para designar algo, pero lo que le mantiene y mantendrá en el tiempo es la riqueza de contenido y masa real (cantidad de gente) que tiene detrás. Milénico, como concepto y término, nos sirve para identificar y también catalogar a un tipo de generación. Vivimos en la era de los *tags,* de las listas y de los *hashtags.* Todo se ordena, data y clasifica más que nunca. Pese a que nuestra individualidad se rebela ante las generalizaciones y criticamos –con razón– que todo se catalogue, que a todo se le ponga una etiqueta, por otro lado es inherente al ser humano la necesidad de clasificar las cosas para poder manejarse en el lenguaje, en los escritos, en las conversaciones. Para pasar de lo etéreo e imposible de abarcar, como son nuestras propias individualidades multiplicadas por 7.000 millones de humanos, a lo concreto. Lo hacemos para entendernos. Por lo que a mí, que entiendo el sentido del *tag* y de la etiqueta en cuanto que me ayuda a ordenar el exceso de información, y pese a ser plenamente consciente de mi inimitable individualidad, me parece útil y práctico. La diferencia entre los términos vacíos que rápidamente se pasan de moda y los que se mantienen, es que los segundos hacen alusión a algo real y perdurable en el tiempo, y también porque designan a un número importante de algo.

El concepto *knowmad* hace referencia a un tipo determinado de profesional, que de algún modo supone la evolución –más sofisticada y completa– de casi todos los otros perfiles laborales, como autónomo, *freelance,* emprendedor o autoempleado, al que se le añade unas características que van más mucho allá del régimen o forma de financiación. Y no es pasajero porque va a ser el tipo de profesional que más crezca y se desarrolle en el futuro, básicamente porque es el que reúne todas las condiciones para adaptarse mejor a él. Y aunque ahora todavía nos parece residual y los que nos sentimos *knowmads* lo usamos como bandera –no por exclusión de élite sino por popularizar el concepto y extender al mayor número de personas la realidad que trae consigo–, en verdad es ya mucha la gente que entra dentro de esta idea, y muchas más las que habrá en los próximos años. La necesidad de juntarnos para cocrear, compartir información y sinergias partiendo de una misma mentalidad, ha hecho que nazcan agrupaciones privadas como The Knowmads Hub (www.tkmhub.com), al que pertenecemos alrededor de 100 profesionales de distintos ámbitos con el objetivo de crear proyectos y sumar ideas desde una perspectiva nomádica. Y también redes sociales abiertas, como knowmad.org, en fase de creación por John Moravec y otros asociados, con la que pretendemos crear una red social internacional que permita conocer y unir talento para proyectos diversos, de cualquier parte del mundo. Yo, particularmente, prefiero pensar en lo *knowmad* más que como en un perfil, como una mentalidad, una forma de vivir y de trabajar. Por eso tener una mentalidad nómada sirve tanto para asalariados, como *freelances,* como emprendedores, como empresarios… Es útil a cualquier persona en activo, porque a todos nos va a arrollar el *presfut of work* y, por lo tanto, a todos nos conviene estar preparados y capacitados. Por estar el libro enfocado a lo laboral, enmarco al nómada del conocimiento dentro del entorno profesional, pero hay sociólogos que ya hablan del *knowmad* como el ciudadano del siglo XXI. Y razón no les falta: toda persona que viva en esta era está llamada a desarrollar una serie de destrezas y habilidades para desenvolverse en un mundo hiperconectado e hiperdigitalizado. Desde hacer una transacción bancaria *online* o sacar billetes de avión en Internet, hasta el uso profesional de las redes sociales… Quienes no desarrollen estas habilidades para desenvolverse en el día a día, para establecer lazos y conexiones y obtener visibilidad, estarán condenados, como antaño les pasaba a quienes no sabían escribir o leer, a ser los analfabetos del siglo XXI; su vulnerabilidad –en un mundo además cada vez más polarizado– hará que los demás (y la propia vida) les pasen por encima.

2. Robótica, inteligencia artifical y *knowmads:* las cifras no mienten

Las cifras que voy a dar a continuación son impactantes; no se trata de agobiarse con ellas, sino de reflexionar acerca de la manera en que pueden afectar a nuestras profesiones actuales y, como consecuencia, pensar qué podemos hacer al respecto.

• Un reciente estudio del banco alemán ING-DiBa predice que en sólo dos décadas los robots se habrán hecho con 18 millones de empleos en Alemania, aproximadamente la mitad del total. Los enormes avances de la robótica permitirán en la industria que hasta el 59% de los actuales puestos de trabajo sean reemplazados por robots mucho más productivos y rentables que los humanos. Pero no sólo en la industria. Todos aquellos trabajos relacionados con la burocracia, las ventas, el montaje, la instalación y el manejo de máquinas, así como las reparaciones, los trabajos nocturnos y los que menos cualificación precisan, son potencialmente eliminables.

• Otro estudio realizado en 2013 por Carl B. Frey y Michael A. Osborne, de la Universidad de Oxford, concluyó que el 47% de los empleos en Estados Unidos podrían ser ocupados por robots en los próximos diez años.

Y lo que vale para Estados Unidos y Alemania, vale para el resto de los países del mundo.

• Unos 1.800 académicos y expertos en industria, trabajo y nuevas tecnologías han participado en un informe publicado en 2014 por el Pew Research Center (www.pewinternet.org); prácticamente la totalidad coincide en aceptar que, para 2025, los robots se ocuparán de muchos de nuestros trabajos, si bien las ideas sobre el impacto que el avance en la inteligencia artificial (IA) y la robótica tendrá sobre el mercado laboral y la sociedad, son distintas. La mitad de los participantes (48%) creen que las máquinas acabarán con la mayoría de los trabajos actuales, y no sólo los manuales; la otra mitad (52%) de los expertos piensa que el avance de la robótica, por el contrario, creará tanto trabajo como quite. Que las ocupaciones no serán las mismas, pero la humanidad será capaz de encontrar nuevos nichos productivos. Pamela Rutledge, directora del Media Psychology Research Center, dice:

> «Por mucho que avance la tecnología hay cosas que los robots nunca serán capaces de hacer: todo aquello que requiera creatividad, capacidad de síntesis, resolución de problemas, innovación… Los robots, de hecho, nos ayudarán a librarnos de las tareas más tediosas para que podamos dedicarnos a otras cosas. Los avances tecnológicos permitirán a las personas dejar de hacer tareas repetitivas para poder invertir toda su atención y energía en cosas donde realmente podemos marcar la diferencia».

Es decir, trabajo del conocimiento.

Conviene recordar, para quienes creen que la tecnología no avanzará lo suficiente rápido para tener un impacto significativo en el mercado laboral, que nuestro pensamiento humano es lineal, pero que los cambios que vienen son exponenciales. ¿Ciencia ficción? El hospital de la Universidad de California, San Francisco, ya cuenta entre su personal con 25 robots Acthon como asistentes de quirófano y enfermería. Y el hotel japonés Henn-na (www.h-n-h.jp/en/) es el primer hotel cuyo personal ¡está compuesto por robots! Los huéspedes son recibidos por un robot recepcionista que les proporciona toda la información necesaria, otros robots suben las maletas, preparan el café, limpian… Estos robots son capaces de establecer contacto visual con los huéspedes, de entender lenguaje corporal y hablar chino, japonés, coreano e inglés. Según la dirección del Henn-na Hotel, en el futuro aspiran a tener más del 90% de los servicios del hotel cubiertos por estos humanoides. Todo parece indicar que la desaparición de un montón de puestos de trabajo por los avances en robótica será una realidad, si bien yo me sumo a la mentalidad del 52%: surgirán otro montón de trabajos nuevos. Año 2025: ¿a quién de nosotros pillará en edad de seguir trabajando? Cada uno que haga sus propios cálculos.

No puedo evitar preguntarme cómo esto no es noticia en los informativos. Cómo hay tantas personas que aún viven en sus burbujas del pasado sin atisbar ni imaginar lo que está por llegar. Cómo es posible que los gobiernos –junto con los medios de comunicación– no prioricen esta realidad por encima de otras cosas y tomen las medidas oportunas para –como mínimo– informar a los ciudadanos (a todos los ciudadanos); para implementar políticas en educación: ¿qué estamos enseñando de utilidad real, pensando en este futuro, a nuestros chavales? Si la educación y la fuerza laboral de un país es lo que hace que salga adelante, aquellos que tengan una sociedad envejecida, una educación obsoleta, mucha mano de obra robóticamente sustituible y escasa inversión en I+D, lo tendrán complicado. Quizá, como Glenn Edens, director de investigación del Computer Science Laboratory de Xerox, pienses que nuestras estructuras legales y sociales minimizarán el impacto de la automatización. «En última instancia, necesitamos una base amplia de población activa; de lo contrario, no habrá nadie que pueda pagar este nuevo mundo», explica. Y por ello «los gobiernos se asegurarán de que el desarrollo de la tecnología no provoque una destrucción de trabajos que sea insostenible». Cada uno es libre de confiar tanto como quiera en su gobierno (eso sí, recordemos que el mundo está globalizado y cada gobierno hará lo que crea mejor) y dejar su futuro en sus manos; lo que está claro es que el conocimiento es poder, y cuanta más gente conozca esta realidad que se avecina, mejor nos irá a todos.

Por otro lado, en parte como consecuencia de este avance de la robótica y la IA, parece también imparable el crecimiento de la fuerza laboral compuesta por los nómadas del conocimiento.

- Un estudio realizado en 2012 por la empresa de *software* Intuit decía que el 40% de la población laboral de Estados Unidos estaría formada en 2020 por los llamados trabajadores contingentes: unos 60 millones de personas.

- En su artículo «Freelance economy», el bloguero experto en nuevas tecnología Enrique Dans explica que: «un *número cada vez más elevado de personas* desarrollan su actividad como *freelances:* en Estados Unidos, el porcentaje ha pasado de ser menos de un 10% en 1995, a más de 1/3 en 2015. Es decir, 53 millones de personas, de las cuales unos 15 millones son los llamados *moonlighters,* que desempeñan una actividad como *freelance* además de su trabajo habitual para complementar sus ingresos».

- Según previsiones actualizadas por el equipo de John Moravec, creador del término *knowmad,* para ese 2020, el 45% de la fuerza laboral mundial será nómada.

- Una encuesta de Elance-oDesk (www.upwork.com) sobre nómadas digitales explica que del 74% de los profesionales que cambiaron su vida laboral para no estar sujetos a un lugar de trabajo físico, el 67% se convirtió en un profesional independiente y el 34% creó un negocio virtual o equipo propio.

- Se trata, además, de un nuevo estilo de vida sostenible: el 59% de los nómadas digitales perciben un incremento de sus ingresos, y un 79% espera seguir así el resto de su vida profesional.

3. ¿Qué es un *knowmad* o nómada del conocimiento?

En este capítulo analizaremos este concepto, creado por el doctor John Moravec. Experto en todo lo concerniente al futuro del trabajo y la educación, redactor del proyecto Knowmad Society, codirector del proyecto *Aprendizaje invisible* y fundador de Educación Futures LLC, entre otras cosas (john.moravec.us), Moravec predica con el ejemplo: es un hombre abierto, agradable, dispuesto a ayudar, conector, generador de conocimiento y rápido para estar, tecnológicamente hablando, al otro lado del hilo cuando se le necesita. El término *knowmad* es un neologismo que combina las palabras *know* (conocer, saber) y *nomad* (nómada) y que se refiere a los trabajadores nómadas del conocimiento y la innovación. Empecemos por lo básico: ¿qué entendemos por conocimiento? La comprensión personal de datos e información que es interiorizada tanto explícita como tácitamente y que se manifiesta en el individuo en forma de pericia o habilidades.

Entre algunas de las características de los *knowmads* están las de ser innovador, imaginativo, creativo. Son capaces de trabajar en colaboración con casi cualquier persona, en cualquier momento y lugar. Son personas flexibles, que valoran su libertad en cuanto a la gestión de su tiempo y de su trabajo, responsables de sí mismas, que saben cómo sacarle todo el jugo a las nuevas tecnologías y las usan a su favor, que creen en la suma y la colaboración; son personas sociables y sociales, a las que les gusta expandir el conocimiento –en red– y que están preparados para aprender –o desaprender si hace falta– de un modo no convencional. Son conscientes de que los avances en tecnología han convertido al conocimiento en el principal activo de la economía (trabajos que no puedan ser sustituidos por un robot o un *software),* por lo que aprovechan cualquier canal, formato, vía o experiencia para formarse, constantemente. En palabras del autor de *Aprendizaje invisible:*

> «Ya sea de manera visible o invisible, en línea, cara a cara o de forma combinada *(blended),* lo más importante es que cada cual sea capaz de hacerlo por sí mismo *(do it yourself),* creando contenidos por sí solo o con su comunidad *(user generated content),* sin temor a aprender haciendo *(learning by doing)* o a aprender entre pares *(peer based learning)».*

Como trabajador del siglo XXI y, por lo tanto, de la sociedad de la información, del conocimiento y de las nuevas tecnologías –con la consiguiente desaparición de la necesidad de ubicación física gracias a la virtualización– los *knowmads* tienen la capacidad de contextualizar su espacio de trabajo en cualquier momento: eligen cuándo teletrabajar y cuándo hacerlo de modo presencial; pueden trabajar en línea desde casa, en un espacio de cotrabajo, en la oficina o una cafetería con wifi... Apuestan por intercambiar información e ideas con otros profesionales para potenciar la generación de ideas, productos y servicios que sean diferentes, más completos e innovadores, que los que conseguirían si trabajaran de modo individual. Como explica el propio Moravec:

> «De alguna manera, podría decirse que estamos construyendo el futuro a medida que este va sucediendo. Con el aprendizaje y la enseñanza colectiva y entre pares, somos responsables de ayudarnos mutuamente para identificar cuáles son nuestros elementos en el camino hacia un desarrollo personal y *knowmádico»*.

Ser *knowmad* es también sinónimo de estar conectado y, como su experiencia vital y profesional es una experiencia conectada y en red, difuminan las fronteras entre lo que pertenece a un campo o a otro. Lo que le sirve o es de utilidad en la vida personal puede aplicarse a lo laboral y al revés. Viven en lo social y aplican lo social *(social business)* también en sus trabajos.

4. Pasaporte de habilidades

Hay una serie de rasgos distintivos y característicos, elaborados por Cristóbal Cobo y John Moravec e inspirado en las ideas expuestas por Stephen Collins en su presentación *I Am Knowledge Worker 2.0,* que ayudan a definir el perfil. Es lo que llaman pasaporte de habilidades, y que tendría 19 características. Las he concentrado y dotado de contenido, en los siguientes puntos.

1. No tiene una edad determinada. Contrariamente a lo que muchos piensan, no es algo que se ajusta sólo a los más jóvenes. No existen franjas de edad; cualquier edad es válida para adquirir una mentalidad nómada (recordar el apartado *Don't panic,* del capítulo 3).

2. No entiende su trabajo como un trabajo. Para un *knowmad* su oficio no le supone un trabajo (como metáfora peyorativa, no literal), porque disfruta con lo que hace para ganarse la vida, y lo integra como una actividad más de su quehacer cotidiano. Necesita una profesión que le motive y realice; y si el que desempeña actualmente no le motiva, busca las maneras de obtener otra

labor que no considere como una carga. Esto le lleva a preferir contraprestaciones por el trabajo más ligadas a lo intrínseco que extrínseco: aceptar/buscar trabajos que le supongan una satisfacción y le realicen.

3. Inventivo e intuitivo, es un generador de ideas. Es una persona imaginativa, sabe buscarse la vida, los recursos. Pero, además de imaginar, tiene la capacidad de transformar lo imaginado en ideas productivas. Prefiere inventar a ejecutar sólo órdenes, es más proactivo que reactivo.

4. Está alfabetizado digitalmente. El *knowmad* es buen conocedor –y por supuesto usuario– de las nuevas tecnologías. Comprende cómo y por qué funcionan las tecnologías digitales y les saca todo el partido posible. Cuanto más las usa, y más aprende sobre ellas, mayor es su curva de aprendizaje, lo que le permite asimilar más rápido. El uso que les da a nivel particular le ayudan a implementarlo en su trabajo, y al revés.

5. Transforma la información en conocimiento y la comparte. Además de ser un gran consumidor de información, siempre alerta a lo que está pasando, siempre aprendiendo, es capaz de transformar dicha información en conocimiento útil, que luego comparte con sus comunidades (amigos, laborales, redes sociales, blogs...). Es consciente de que cuando se comparte se generan ideas aún más ricas y mejoradas. El conocimiento estático cada vez vale menos, ya que la información queda obsoleta cada vez más rápidamente y, por lo tanto, ha cambiado el valor de la experiencia. El talento, el éxito, depende cada vez más de la pertenencia a redes de conocimiento (donde se comparte) pues es donde se produce el conocimiento actualizado que genera valor. Prevalece el conocimiento en tránsito.

6. Le importan las personas. Como explica Moravec, «en esta sociedad del conocimiento en la que nos movemos, las personas desempeñan un papel crucial. El conocimiento no es algo impersonal como lo es el dinero. No se encuentra en los libros, en las bases de datos o en un *software*. Estos sólo portan

información. El conocimiento lo encarna siempre una persona, que es quien lo lleva, quien lo genera, quien lo aumenta o lo mejora, quien lo aplica, quien lo enseña y quien se lo transmite a otro sujeto. Por lo tanto, en esta sociedad son las personas las que ocupan el centro de todo». Y como le importan las personas, cuida a las personas.

7. Utiliza la información abierta y libremente. Consciente del valor de liberar el acceso a la información para todos, que esté abierta al mundo (igual que yo me beneficio de Wikipedia, ayudo a construir Wikipedia) el *knowmad* sabe que ahí radica la fuerza de una sociedad en la que todos deberíamos partir de la misma información. Y por consiguiente...

8. No entiende de fronteras. No entiende de límites geográficos, políticos, sociales, económicos, culturales... La tecnología le da la posibilidad de trabajar virtualmente desde cualquier parte del mundo, con cualquier persona de cualquier parte del mundo. Los únicos límites, como diría el escritor francés Laurent Gounelle, son aquellos que uno se impone a sí mismo. Su concepción del mundo no es local, sino global.

9. Tiene una gran capacidad para adaptarse y resolver problemas. El uso que hace de su creatividad, de su conocimiento personal y de las herramientas que tiene a su alcance (TIC incluidas), le convierten en una persona versátil y competente para la resolución de todo tipo de crisis y conflictos –algunos de ellos aún desconocidos– desde ángulos distintos. Esto se lo facilita el tener una visión holística de las cosas así como una mentalidad flexible y abierta a los cambios. Es adaptable a diferentes contextos y entornos.

10. Es un creador de redes, siempre conectando a personas, ideas, organizaciones... Su mundo está formado por muchos mundos en red, siendo uno de sus puntos fuertes las redes sociales. Canales muy efectivos para descubrir la información, asimilar el conocimiento y compartirlo. Perfectos también para generar el trabajo en red y potenciar la marca personal que le da la visibilidad adecuada para llegar a cualquier lugar del mundo. Es competente para crear redes de conocimiento horizontales, en redarquía.

11. Asume que el aprendizaje es para toda la vida. Un *knowmad* es consciente de que siempre tendrá que estar aprendiendo, ya sea de manera formal (universidad, cursos…) como informal (en Internet, libros, conferencias…). Al asumir este hecho es capaz de aprender y desaprender con más facilidad en función de sus inquietudes o de las necesidades que vayan surgiendo. Sabe que tiene que evolucionar constantemente para que su talento, o ventaja competitiva, no deje de serlo. Esta capacidad de actualizarse le convierte en un profesional adaptable y moldeable, perfecto para los entornos laborales líquidos, en los que prima la diversidad y la innovación constante.

12. No le asusta la experimentación ni el fracaso. Su afán de conocimiento, su afán de información le llevan a una continua experimentación que, lógicamente, no está exenta de errores, más que fracasos. Sencillamente los asume, extrae la lección que deba aprender de dicha experiencia, y continúa avanzando hacia delante.

13. Es responsable de sí mismo. Y, por lo tanto, líder de sí mismo, en cuanto que no espera sean otros, una empresa, el Estado… los que venga a buscarle ni tampoco deja en manos de otros su propia evolución profesional. Autogestiona su trabajo y se responsabiliza del mismo.

Como vemos, el *knowmad* tiene similitudes con muchos de los perfiles laborales que conocemos. Con el autónomo o *freelance* comparte la flexibilidad laboral, la capacidad de gestionar su propio trabajo y de trabajar por proyectos; también el trabajar en varios empleos distintos a la vez y con todo tipo de personas distintas. Con el emprendedor coincide en la necesidad de cambiar, adaptarse y resolver problemas sobre la marcha, al igual que aprender de los éxitos pero también de los fracasos.

Esto significa que la mayoría somos ya en parte nómadas del conocimiento, por lo que tan sólo necesitamos mejorar algunas áreas, generalmente las relacionadas con la alfabetización digital, el aprendizaje continuo, la generación de redes y el atravesar fronteras, para hacer la transición completa. Quizá los dos perfiles con los que el nómada más difiere son los empleados y empresarios clásicos. Quienes aún trabajan en esas empresas fordistas, sólidas, que vimos en páginas anteriores, y no han experimentado otra realidad (porque puede haber empleados que aun trabajando en estas empresas lo compatibilizan con otra actividad flexible y liberal en sus ratos libres, por ejemplo) pueden ser quienes tengan más dificultades para adquirir una mentalidad nómada, si bien hay técnicas y maneras, como veremos en el próximo capítulo, que ayudan a conseguirlo.

Los nómadas del conocimiento apuestan por realizar un trabajo vocacional, que les llene y motive, aunque sea en condiciones más inestables. Frente a la seguridad (quimera) que pueda ofrecer una empresa, si no son felices y no se realizan en ella, optan por escuchar su talento interno y buscan la manera de aportar con una labor que les realice.

Los *knowmads* consideran su tiempo como un bien muy valioso, por lo que se inclinan por aquellos entornos laborales en los que no se espera de los empleados que sacrifiquen su libertad por la presencialidad. Buscan entornos flexibles, en los que ellos tomen el control de la gestión de su tiempo, esperando que, a cambio de la consecución de los resultados acordados, el jefe o iguales confíen y deleguen en ellos la manera de llevar a cabo su labor.

El valor del trabajo casa mal también con el «a largo plazo» o «para siempre» y, si hace falta, se opta por trabajos o proyectos colaborativos. Creen en el trabajo en red, horizontal, en el que cada persona del equipo debe aportar. Son conscientes de la importancia de las nuevas tecnologías, en cuanto que les facilita precisamente la flexibilidad que ansían. Sus herramientas de trabajo suelen estar ligadas a un portátil u otros dispositivos móviles (portabilidad), y están digitalizados en todas las facetas de su vida.

Como lo digital es cambiante, ellos también se actualizan constantemente. No necesitan un título o, mejor dicho, hacer gala de un título para demostrar su valía. Como cuenta Moravec en *Aprendizaje invisible,* ¿qué tienen en común Walt Disney, Florence Nightingale, Woody Allen, Bill Gates, Steve Jobs, Mark Zuckerberg, Pablo Neruda o José Saramago? Además de ser extraordinariamente reconocidos por sus obras, todos ellos tienen en común que no necesitaron un título universitario para demostrar que eran talentosos en su especialidad.

Todos, de una forma u otra, supieron cómo aprovechar su propio aprendizaje invisible.

Estos ejemplos, que no se ciñen a una determinada época, disciplina o nacionalidad, son una pequeña gran lección de lo que hemos descrito como un *knowmad*. Cada uno se convierte en la persona que mejor puede expandir su formación, a lo largo y ancho de la vida, sin importar si estos aprendizajes resultan visibles o no. En el siguiente capítulo explico más en detalle el debate actual sobre la «titulitis». Ya que hablamos del aprendizaje, y teniendo en cuenta que la educación es la base de todo cuando miramos al futuro, merece la pena traer a colación el llamado *Manifesto 15,* que en verdad se ha reducido a 12 puntos, para entenderlo mejor. Si tienes hijos, probablemente en muchas de estas cuestiones te sientas reconocido. Además, la mayoría de los puntos del *Manifesto* se pueden aplicar a los entornos profesionales.

5. El *Manifesto 15* o cómo innovucionar la educación

Ya que las ideas se transforman y se desarrollan en el tiempo, como declaran sus autores (www.manifesto15.org/es/):

> «Este manifiesto representa una instantánea de nuestras ideas, visiones y previsiones del futuro, y lo que hemos aprendido hasta la fecha sobre aprendizaje y educación. El texto que ofrecemos constituye un punto de referencia para ayudarnos a entender cómo hemos hecho las cosas hasta hoy y cómo debemos hacerlas a partir de hoy. En un mundo agobiado por la incertidumbre, en el que pareciera envolvernos una sensación de obsolescencia de nuestros sistemas educativos, ¿cómo podremos asegurar nuestro éxito como individuos, los de nuestras comunidades y los del planeta mismo? Necesitamos revolucionar la educación».

1. «El futuro ya está aquí. Simplemente no está distribuido por igual», dijo William Gibson, en 1999. El campo de la educación sufre un considerable retraso, en comparación con otras

actividades e industrias, debido sobre todo a nuestra tendencia a mirar hacia atrás y no hacia delante. Enseñamos historia de la literatura, por ejemplo, pero no cómo tendremos que escribir en el futuro. Enseñamos conceptos matemáticos, que históricamente fueron decisivos, pero no nos involucramos en crear nuevas matemáticas, necesarias para construir el futuro. Más aún: todo lo revolucionario que ocurre en el aprendizaje ha venido sucediendo ya en diferentes escalas, poco a poco y por piezas, en diferentes lugares. El impacto completo para nosotros y nuestras organizaciones ocurrirá cuando tengamos el coraje de aprender de las experiencias de otros, y aceptemos el riesgo y la responsabilidad de aplicar una orientación de futuro a nuestras prácticas.

2. Escuelas 1.0 no pueden enseñar a niños 3.0. Necesitamos entender muy bien y tener muy claro para qué estamos educando, por qué lo hacemos y a quién sirven nuestros sistemas educativos. La principal tendencia *(mainstream)* escolar obligatoria se basa en un modelo anticuado del siglo XVIII, que pretende crear ciudadanos con el potencial de convertirse en trabajadores fabriles leales, productivos, y en burócratas. En la era posindustrial, este no debería ser el objetivo final de la educación. Necesitamos apoyar a los aprendices a convertirse en innovadores, capaces de utilizar su propia imaginación y creatividad para generar en la sociedad nuevos resultados. Debemos hacerlo, porque los desafíos de hoy no pueden afrontarse con el antiguo modo de pensar. Todos somos corresponsables de crear el futuro con resultados positivos, que beneficien a todos en todo el mundo.

3. Los niños también son personas. Todos los estudiantes deben ser tratados con respeto como seres humanos, y reconocidos por sus derechos humanos universales y sus responsabilidades. Esto significa que los estudiantes deben tener una participación activa en las elecciones concernientes a su aprendizaje, incluyendo cómo son administradas sus escuelas, cómo y cuándo aprenden, y todas las otras áreas de la vida cotidiana. Esta es una real inclusión. Los estudiantes deben tener la libertad de buscar oportunidades educativas y diferentes aproximaciones al aprendizaje, que sean apropiadas para ellos, mientras sus decisiones

no infrinjan las libertades de otros de hacer lo mismo (adaptado de EUDEC, 2005).

4. Conlleva una emoción extraordinaria saltar de un acantilado, cuando lo decides por ti mismo. Esta emoción no la tendrás nunca si alguien te empuja. En otras palabras: el modelo profesor-estudiante de arriba-abajo no maximiza el aprendizaje, porque mata la curiosidad y elimina las motivaciones intrínsecas. Necesitamos aproximarnos al aprendizaje de una manera horizontal, plana y distributiva, incluyendo también el aprendizaje entre pares, la enseñanza entre pares, y empoderar a los estudiantes para que realicen auténticas prácticas con estas formas de aprender. Los educadores debemos crear un espacio que permita a los estudiantes determinar por sí mismos si saltarán del acantilado, y cuándo y cómo lo harán, si es que están decididos a ello. Fallar es un aspecto natural del aprendizaje mismo, porque siempre es posible intentarlo otra vez. En un ambiente de aprendizaje horizontal, el rol principal del maestro es ayudar a que el estudiante tome una decisión informada y responsable. Fallar es natural y comprensible, pero el sistema educativo no puede seguir creando fracasados.

5. No valores lo que medimos; mide lo que valoramos. En nuestra obsesión por examinarlo todo, de alguna manera hemos permitido que la OECD se convierta en el ministro de Educación del mundo: mediante el régimen de PISA (en español, Programa Internacional para la Evaluación de Estudiantes) el culto a la medición educacional se está difundiendo por todo el mundo. En un nivel nacional, de Estado a Estado, es como si compitiéramos por llegar a ser el chico más sobreadaptado, en una familia monótona y tediosa. Aún peor: nuestras escuelas están produciendo políticos y líderes de políticas que no saben interpretar los resultados de los exámenes. Las mejores motivaciones mueren normalmente en el momento que comenzamos a preocuparnos de la medición. Debemos poner fin a los exámenes obligatorios y reinvertir los recursos en iniciativas educativas que puedan contribuir a crear valor auténtico y oportunidades de crecimiento.

6. Si la tecnología es la respuesta, ¿cuál era la pregunta? Parece que estamos obsesionados por las nuevas tecnologías, mientras apenas entendemos para qué son o cómo pueden impactar en el aprendizaje. Las tecnologías son buenas para hacer mejor lo que se puede hacer con ellas, pero aplicar la tecnología a las mismas viejas prácticas en el aula es una oportunidad perdida. Las pizarras negras y la tiza han sido reemplazadas por pizarras blancas y pizarras inteligentes. Los libros se reemplazan por iPads. Esto es como construir una estación nuclear para mover un coche de caballos. Aun así nada ha cambiado: continuamos gastando enormes recursos en estas herramientas y derrochando nuestras oportunidades en explotar su potencial, para transformar lo que aprendemos y cómo lo aprendemos. Al recrear prácticas del pasado con tecnologías nuevas, las escuelas se enfocan más en manejar el *hardware* y el *software* antes que en desarrollar el *mindware* de los estudiantes y el uso orientado a los objetivos propios de tales herramientas.

7. Las habilidades digitales son invisibles. Así deberían ser las tecnologías en las escuelas. El aprendizaje invisible implica reconocer que mucho del aprendizaje que hacemos es invisible, es decir, se obtiene mediante experiencias informales, no-formales y serendipias antes que por la instrucción formal (Cobo y Moravec, 2011). En esta forma de hablar y actuar se toma en cuenta el impacto de los avances tecnológicos y realmente se habilitan los espacios invisibles que emergerán, pero lo mismo que los espacios el uso de las tecnologías es también invisible y fluido. Si el desafío para nuestras escuelas y gobiernos es poner al servicio de la sociedad estudiantes que destaquen en creatividad e innovación, y no que memoricen y repitan viejas ideas sin pensar, cualquier uso de las tecnologías aplicadas al aprendizaje debe habilitar y facilitar estas direcciones creativas e innovadoras. Las escuelas no deben usar los ordenadores para hacer trabajo en torno a ciertos parámetros preasignados, con resultados prescritos; deben ser usadas para ayudar a diseñar productos y obtener resultados que se extiendan más allá de la imaginación del currículo. Antes que situar la tecnología en la vanguardia y oscurecer el aprendizaje, hay que hacerla invisible y presente en el ambiente,

posibilitando a los aprendices que descubran sus propias rutas de desarrollo con estas herramientas.

8. No podemos dirigir el conocimiento. Cuando hablamos de conocimiento e innovación, mezclamos o confundimos frecuentemente los conceptos con información y datos. A menudo nos engañamos a nosotros mismos, pensando que les brindamos conocimiento a los niños, cuando simplemente los estamos examinando sobre cuanta información ellos pueden repetir. Debemos tener esto claro: los datos son piezas y partes, aquí y allá, que combinamos en información. El conocimiento consiste en aprovechar la información y crear un nuevo valor. Innovamos cuando iniciamos cualquier acción con nuestro conocimiento para crear el nuevo con valor. Entender esta diferencia pone de relieve uno de los grandes problemas que afronta la administración de las escuelas y la enseñanza: mientras somos buenos dirigiendo la información, simplemente no podemos dirigir el conocimiento en la cabeza de los estudiantes; desde luego, no sin degradar ese conocimiento a información nuevamente.

9. La red es el aprendizaje (Siemens, 2007). La pedagogía emergente de este siglo no está cuidadosamente planificada. Más bien se desarrolla de forma fluida. Las transversales a lo largo de las redes son nuestras rutas de aprendizaje, y a medida que aumenta la red aumenta el aprendizaje mismo. En aproximaciones conectivistas del aprendizaje, conectamos nuestros conocimientos individuales juntos, para crear nuevas comprensiones y entendimientos. Compartimos nuestras experiencias y, como resultado, creamos nuevo conocimiento social. Debemos centrarnos en la habilidad de los individuos de navegar por este espacio y hacer las conexiones por su cuenta, descubriendo cómo sus conocimientos y talentos únicos pueden ser contextualizados para solucionar nuevos problemas.

10. El futuro pertenece a los *nerds, geeks,* hacedores, soñadores y *knowmads.* Si no todos llegan a convertirse en emprendedores, los que se queden rezagados y no logren desarrollar sus habilidades en este sentido estarán en una gran desventaja frente a

los avanzados. Nuestros sistemas de educación deben enfocarse en el desarrollo de *emprendenerds:* individuos que utilicen su conocimiento especializado para soñar, crear, hacer, explorar, aprender y promover proyectos culturales, sociales, de emprendimiento, asumiendo riesgos y disfrutando el proceso tanto como el resultado final, sin miedo a las potenciales fallas o errores que dicho recorrido implica.

11. Rompe las reglas, pero primero procura entender claramente por qué. Nuestros sistemas escolares se han construido sobre la cultura de la obediencia, la complacencia y la aceptación forzada. La creatividad de los estudiantes, los profesores y las instituciones está atrofiada desde su propio núcleo. Nos resulta más fácil que alguien nos indique qué pensar que pensar por nosotros mismos. Esta enfermedad institucional sólo podrá curarse cuestionando abiertamente y tomando conciencia metacognitiva de lo que hemos creado y de lo que quisiéramos hacer sobre esto. Únicamente entonces podremos generar justificados espacios diferentes del sistema, que desafíen el *statu quo* y que tengan el potencial de producir un impacto real.

12. Debemos y podemos construir culturas de confianza en nuestras escuelas y comunidades. Mientras nuestros sistemas de educación continúen basados en el miedo, la ansiedad, la desconfianza, los desafíos a estas características continuarán. En el proyecto *Minnevate!* (MASA, 2014), los investigadores encontraron que si los educadores van a construir una capacidad colectiva para transformar la educación, necesitamos comunidades comprometidas y comprometernos con la comunidad en la que servimos. Esto requiere una nueva teoría de la acción, centrada en la confianza, donde estudiantes, escuelas, gobiernos, empresas, padres y comunidades puedan involucrarse en iniciativas colaborativas para cocrear nuevos futuros de la educación.

Algunos dirán que estos principios requieren una revolución. Otros, que necesitamos una innovación masiva para lograr que desde el ámbito de la educación nuestro futuro sea positivo. Creemos que necesitamos ambas cosas, o como dice Ronald Van Den Hoff (2013):

«¡Lo que necesitamos es una *innovución!*». Esta es nuestra noble misión: *innovucionar* no sólo con nuestras ideas, sino también con aplicaciones orientadas a los objetivos de lo que hemos aprendido en nuestros esfuerzos individuales y de lo que hemos aprendido juntos.

6. Sí, los directivos y ejecutivos también pueden ser *knowmads*

Cada vez es más habitual ver cómo ejecutivos de éxito deciden prescindir de la carga que les supone la dedicación a tiempo completo en una oficina, con extenuantes horarios, y múltiples viajes, por lo que optan por hacerse más flexibles a sí mismos y a sus compañías (no vale lo primero sin lo segundo), así como apostar por el *virtual work management.* Y que optan por quitarse también de encima esa otra carga que significa estar en constante vigilancia del trabajo de los subordinados. Al delegar, y confiar, ellos mismos ganan tiempo para dedicarlo a los proyectos importantes desde una óptica más global, acabando así con el microliderazgo. También hay otro tipo de ejecutivos nómadas, a los que se les conoce como supertemporales *(supertemp):* directivos que han sido formados en las mejores escuelas de negocios y han trabajado en importantes compañías, pero que optan por una carrera laboral independiente de cualquier organización, muchos de ellos trabajando como consultores independientes o por proyectos. Es decir, valoran la autonomía y la flexibilidad que ofrecen los proyectos limitados en el tiempo por encima de la estabilidad y de una alta remuneración, aunque cierto es que para la mayoría la bajada de ingresos no es muy perceptible.

Son los ejecutivos partidarios de la innovación los primeros que entienden y comprueban los beneficios que conllevan la virtualización y la flexibilidad, que a su vez conlleva felicidad laboral y, como consecuencia, mayor productividad. Aunque en España aún queda recorrido y todavía son pocos los ejecutivos que salen del armario, hay otros países donde formar parte de según qué listas conlleva prestigio porque les sitúa a la cabeza de la modernidad e innovación. Por ejemplo Timewise, página web británica de empleo, publica anualmente la lista Power Part Time (timewise.co.uk/power-part-time).

Una lista que como ellos mismos definen es «un escaparate de 50 modelos inspiradores de profesionales séniors que trabajan a tiempo parcial». ¿Objetivo? Acabar con el mito de que la dedicación a tiempo parcial sólo es para trabajos o trabajadores poco cualificados. En la lista hay consejeros delegados, directores generales, directores financieros, socios… Todos son ejecutivos con cargos de muy alto nivel de exigencia y por lo tanto estrés, razón por la cual optan por gestionar bien su tiempo y sus prioridades (mentalidad *knowmad)*. Por supuesto, no sólo se lo aplican a sí mismos, sino que fomentan la innovación y la consecución del equilibrio en los miembros de sus empresas.

La primera medida que debieran tomar los directivos que aspiran a una vida laboral nómada, porque quieren garantizar el futuro de la compañía, es dejar de medir aportaciones o *inputs* (horas trabajadas) y empezar a medir datos de rendimiento u *output* (consecución de objetivos). Como explica Peter Thomson, experto en cambios organizacionales:

> «Si la base para el reconocimiento de un trabajo es la producción real, entonces el horario y el lugar donde se realice son prácticamente irrelevantes. Habrá muchos empleos en los que existan límites respecto a cuándo y dónde se puede hacer el trabajo, pero no tienen por qué estar impuestos por la dirección. Cuando se confía en una persona para que decida por sí misma cómo hacer un trabajo, asumirá los límites y trabajará dentro de ellos».

Un segundo paso es la comprobación del sistema de trabajo virtual que tiene la empresa tecnológicamente hablando y hacer las mejoras necesarias al respecto, así como formarse él mismo –y a todo el equipo– en el *virtual managing work*. Y, por supuesto, comprender la importancia de lo emocional en las personas, que más allá de saber que tienen cubiertas sus necesidades básicas, buscan sentirse empoderadas y realizadas con lo que hacen.

7. Conceptos que todo a nómada le interesa conocer

Rescato del libro *Aprendizaje invisible* un pequeño glosario que puede ayudarnos a comprender mejor ciertos conceptos, y que merece la pena saber porque es fácil que nos topemos a menudo con ellos.

La rueda de los futuros

Es una técnica o ejercicio básico para visualizar acontecimientos o tendencias futuras. Puede utilizarse de forma individual o en grupo. De ella han surgido múltiples versiones como, por ejemplo, la rueda de las implicaciones de Joel Barker (2010). No obstante, todas estas versiones mantienen como denominador común el uso de ruedas y radios para visualizar acontecimientos futuros de forma simple y rápida.

Eapfrog

Saltar sobre los obstáculos para lograr un objetivo. Esto significa adelantarse a la competencia o al momento actual mediante formas innovadoras de disminuir los tiempos o costos requeridos. Denota el liderazgo que se consigue al mirar y actuar sobre un determinado horizonte.

Mashups

Aplicaciones web híbridas. Esta palabra representa un punto de conexión entre aplicaciones web diferentes que permite obtener lo mejor de cada una. Híbrido de recursos creados para ofrecer servicios integrados de valor añadido al usuario final. Puede ser empleado como servicio o producto de combinaciones de carácter artístico o experimental, o bien institucional. Al integrar datos o funcionalidades de diferentes fuentes, permite crear nuevos servicios. En una época en que muchos privilegian la idea de *rip, mix and burn* [recoger, sumar e integrar] los *mashups* (en canciones, películas, aplicaciones, etc.) se convierten cada vez más en una constante del entorno digital.

Mindware

Tecnologías que fomentan nuestra imaginación, nuestra creatividad y nuestra capacidad para innovar.

E-madurez

También llamada madurez digital, es la habilidad para identificar cómo, dónde y cuándo emplear las TIC, según determinadas necesidades, contextos y perfiles de usuarios, etc. Rushkoff (2010) añade la importancia de aprender y comprender cómo y por qué funcionan las tecnologías digitales. Es decir, no sólo en términos prácticos, sino también considerando las convenciones sociales y las estructuras de poder que las promueven *(e-awareness)*. La e-madurez se demuestra cuando se aplican las TIC de manera estratégica y se hace un uso selectivo de ellas. Este concepto está relacionado con la innovación y la transferencia de conocimientos y habilidades.

E-competencias

Capacidades para la gestión de conocimiento tácito y explícito, facultadas por la utilización de las TIC y el uso estratégico de la información. Las e-competencias van más allá de la utilización de una TIC en particular, ya que también incluyen conocimientos y actitudes orientados al trabajo colaborativo, la innovación y el aprendizaje constante, así como la creación de nuevas ideas para enfrentarse a problemas desconocidos en diversos contextos. El perfil de un trabajador e-competente está constituido por cinco habilidades fundamentales: e-conciencia, alfabetismo tecnológico, alfabetismo informacional, alfabetismo digital y alfabetismo mediático (Cobo, 2009).

Coconstructivismo

Fomento de la horizontalidad en las relaciones, conforme la cual todos los participantes de un proceso educativo se involucran tanto en la enseñanza como en el aprendizaje.

Getting started with IT

«Comenzar a utilizar las TIC». Iniciativa impulsada por el grupo Age UK (www.ageuk.org.uk), que incentiva la transferencia de habilidades digitales entre pares. Esta estrategia resulta doblemente interesante, puesto que incentiva la inclusión digital de las personas mayores, y además promueve la transferencia informal de habilidades tecnológicas entre pares (vecinos, familiares, colegas, amigos, etc.).

> «El verdadero viaje de descubrimiento no es buscar nuevas tierras, sino mirarlas con nuevos ojos».
>
> Voltaire

Cómo adquirir una mentalidad (y actitud) *knowmad*

Siendo conscientes de que no vale con ser uno más y de que la mejor manera de conseguir aquello que deseamos, así como de hacernos un hueco en el *presfut of work (pow),* es adquirir una mentalidad nómada (que no es lo mismo que hacerse *freelance* o autoempleado, por si a alguien le quedan dudas), es el momento de buscar las maneras para conseguirlo. La finalidad de este libro es tomar conciencia de lo que está pasando, de vislumbrar hacia dónde nos dirigimos, y hacer todo lo que esté en nuestra mano de un modo práctico para adaptarnos –e incluso disfrutar en el proceso– de esta nueva realidad laboral. Por ello insisto: ¡no se trata de ir a darse de alta como autónomos!, aunque este colectivo vaya a aumentar cada vez más, y quizá te toque o lo elijas: de lo que se trata es de adoptar e interiorizar un tipo de mentalidad que nos permita ser más flexibles y nos prepare para los cambios y necesidades de estos nuevos tiempos. Una manera de pensar que nos ayude a salir de la zona de confort en la que nos encontramos, si esta no nos gusta o tiene los días contados. Una mentalidad que aumente nuestra empleabilidad. La mentalidad *knowmad* es positiva como ya hemos visto para cualquier trabajador, ya esté contratado o no, trabaje en multinacional o en pyme, sea emprendedor o autoempleado, y es necesaria para cualquier puesto o cargo que se tenga, porque nos va a afectar a todos por igual. El primer paso que hay que dar es el de actualizarse, sobre todo digitalmente; formarse en las áreas que nos interesen, en las que cojeemos o que nos vayan a suponer un plus diferenciador, una ventaja competitiva. Y una buena manera de conseguirlo es utilizando el PLE. Comentarte antes que en este capítulo trataré algunos de los temas desde mi propia experiencia (de hecho, algunos de ellos forman parte de mi blog) porque me han acompañado en mi propio devenir hacia nómada; permíteme –o perdóname– que tire algo más del yo.

1. PLE: genera tu propio entorno de conocimiento

Hay dos preguntas que son una constante en mi vida:

1. ¿De dónde sacas tiempo para hacer tantas cosas?

2. ¿Cómo haces para estar al día: cursos, un máster..?

La primera la contestaré más adelante, ahora voy a intentar dar respuesta a la segunda, por si ayuda de algún modo la respuesta. Empezaré contando una realidad numérica de mi existencia laboral, porque es singular: en los ya casi 20 años que llevo trabajando en el sector de la comunicación, durante los cuales he pasado por más de trece empresas distintas, ¿sabes cuántos cursos formativos serios he recibido? Exactamente cero. Ni uno. Y no porque no los haya pedido o reclamado, como gran defensora de la formación que soy. Y no porque haya pasado periodos cortos de tiempo en dichas empresas, pues en algunas he estado dos, cuatro y hasta ocho años seguidos. Es raro, lo sé; y por suerte una excepción, pero el caso es que por hache o por be nunca he llegado a recibir formación; una jornada de tres horas sobre una aplicación que nadie llegó a usar jamás ¡no cuenta! Quizá todo ha sido un complot del universo para empujarme al autodidactismo... La cuestión es que si hubiera tenido que evolucionar con los tiempos, adaptarme a las nuevas realidades profesionales, digitalizarme y prepararme para el futuro con las herramientas que me proporcionaron dichas empresas, lo hubiera llevado claro... tirando a oscuro. Por suerte en mi ADN, quizá como consecuencia de pertenecer a una familia de cinco hermanos, siempre ha estado activado el gen BLV: búscate la vida. Que en términos más finos y modernos lleva estas otras siglas: PLE *(personal learning enviroment* o entorno personal de aprendizaje, en español).

1.1. ¿Y qué es un PLE?

El conjunto de herramientas, servicios y conexiones que empleamos para alcanzar nuevos conocimientos o competencias. Una vía para tomar el control y gestión del aprendizaje, conectando información de diversas fuentes. En el PLE de cada persona se integran las experiencias que configuraron sus aprendizajes en la educación formal (escuela, universidad, máster…) y las nuevas experiencias facilitadas por las tecnologías de la información (informal o invisible, a través de blogs, redes sociales, webs, boletines informativos o *newsletters…*). Como explica Cristóbal Cobo en el libro *Aprendizaje invisible. Hacia una nueva ecología de la educación:*

> «La educación informal ocurre fuera de la educación formal, es holística y difícil de medir. Se desarrolla a través de la práctica y se dirige a través de la conversación. Incluye la exploración y se extiende hasta las experiencias. Suele ser espontánea, puede acontecer en cualquier contexto de la vida cotidiana. Es un resultado natural de la interacción entre personas. Se entiende como el aprendizaje que surge cuando un sujeto forma parte de una comunidad u organización. Es un proceso que tiene lugar a lo largo de toda la vida y en el que las personas aprenden pero también enseñan a partir de sus experiencias cotidianas. En general se caracteriza por no seguir un currículo y por no contar con certificaciones o grados determinados».

Lo más potente de todo esto es que, desde la época de los monasterios medievales hasta las escuelas actuales, el saber siempre ha sido fuente de poder, además de estar centralizado territorialmente y asociado a ciertas figuras sociales. Por eso la transformación de los modos (vías, canales) por los que circula el saber significa una profunda revolución en una sociedad. El saber escapa de los lugares sagrados que antes lo contenían y de las figuras sociales que lo detentaban. El poder, ahora, si yo así lo quiero, es mío. Y tuyo.

Así que cuando me hacen la pregunta «¿Cómo haces para aprender y ponerte al día?», mi respuesta es: utilizando todas las herramientas que tengo a mi alcance. ¡Que son muchas! Tanto formales como informales; defiendo las dos, pues a mí me complementan. Me apunto cuando puedo a las formales, como cursos, clases magistrales o talleres presenciales, ya que además de aprender me gusta el contacto directo con el profesor y la energía que pueda transmitirme, así como poder interactuar con los otros alumnos; pero también me apunto a cursos en línea, muchos de los cuales se pueden descargar y revisar con calma; y me formo a su vez de manera informal. Por ejemplo aprendo –muchísimo– leyendo blogs. Los que más me gustan los tengo guardados en la barra de favoritos, me suscribo a sus boletines informativos o las guardo en aplicaciones tipo Feedly, Pulse o Readability para estar al día de los nuevos artículos que suben y que así, de paso, me sea más fácil compartirlos a través de las redes sociales. Por supuesto leo muchos libros; uso material descargable como informes pdf, infografías, vídeos…; asisto a conferencias, a eventos de trabajo en red, provoco encuentros con gente interesante… Y también tengo la gran suerte de aprender enseñando en los cursos y ponencias que yo misma imparto, pues me obligan a estar siempre actualizándome. Hoy en día con Internet –a coste cero o coste wifi– quien no aprende cosas nuevas es porque no quiere. Y ya hemos visto que actualizarse, digitalizarse y adquirir nuevos conocimientos –todo el rato– es una condición indispensable, y que llegará al rincón más recóndito del planeta. No hay excusas, de verdad. No te las pongas.

1.2. Si no «curas» te vuelves loco

Soy consciente de que mi profesión como periodista me da una ventaja competitiva (cuento esto porque alguna vez me lo han echado en cara, con cariño, eso sí…). Y es cierto, llevo toda la vida haciendo eso que ahora llaman «curación de contenidos» y que no es otra cosa que buscar, filtrar, organizar, utilizar y difundir la información relevante. Que es lo que hay que hacer cuando se usan las nuevas tecnologías ¡para no volverse loco! Con la sobredosis de información a la que nos exponemos, se puede perder mucho tiempo si no se tiene una estrategia clara de lo que queremos, cómo lo queremos y dónde buscarlo. Y sí, soy rápida en ello y además me gusta hacerlo. Pero ¡es que todos tenemos un curador dentro! Y con la práctica todos adquirimos rapidez en el proceso. El proceso de búsqueda de información (ya sea yendo a un kiosco físico o a uno virtual), de selección (leer las noticias que interesan), el de análisis (te parece bueno o una porquería) y recomendación (comentarlo con amigos o la pareja), es algo que todo el mundo hace constantemente. Es más, volviendo al PLE: todas las personas tienen un entorno personal en el que aprenden; es inherente al hecho mismo de que las personas aprenden a lo largo de toda su vida y en todo momento. Hemos tenido siempre un entramado de conexiones sociales y de fuentes básicas de las que aprender. El tema es que con la aparición de las nuevas tecnologías y el aprendizaje informal *online,* tenemos sobredosis de información a tan sólo un clic de distancia. Por eso es importante profesionalizar esta faceta de curadores que llevamos dentro. Merece totalmente la pena usar estos recursos que nos ha puesto la Madre Tecnología a nuestro alcance a través de videotutoriales, blogs, webs, podcast, etc. para aprender, pero hay que centrarse en los objetivos, organizarse bien y también dejarse ayudar: en la red hay miles de curadores que centralizan información relevante de todo tipo, todos los días. ¿Necesitas saber dónde se imparten los diez mejores cursos para hacer un blog en Villanueva del Medio? (espero que no exista este pueblo…). Seguro que hay un blog que ya lo ha recopilado para ti. Googlea tu interés y déjate llevar.

Otro consejo práctico. Yo por ejemplo uso algo tan rústico como son las carpetas del escritorio para recopilar temas que me interesan o a los que quiero destinar más tiempo que el que lleva la lectura de un post para un retuit. En esas carpetas voy guardando pantallazos, links, pdf, documentos, las fechas de próximos cursos que me interesan... Lo que capta mi interés, lo capturo y lo guardo; si lo veo por el móvil me lo mando por correo electrónico. En un segundo paso, ya leído, si considero que es interesante también para los demás, paso al PLN *(personal learning network):* es decir, compartir en red.

Y así promuevo el debate, comentarios, hacer que la información se complemente y enriquezca con la aportación de otras personas...

Porque al igual que en las empresas es vital el *social business,* en nuestras vidas lo es el *social life.* Los procesos mentales y las actividades que permiten compartir, reflexionar, discutir y reconstruir con otros conocimientos, así como las actitudes que propician y nutren este intercambio, es la esencia del *knowmad.* Aprendemos con y para los demás. Cuanto más lo hagamos en nuestra vida normal, más fácil nos resultará trasladarlo a nuestra vida profesional.

Veamos con más detenimiento algunos tipos de aprendizajes que recoge Cristóbal Cobo, para tomar conciencia de la cantidad de modos que tenemos para aprender, partiendo de la premisa de que cualquier método que te valga a ti, es válido:

- Aprendizaje informal: es cualquier actividad que implique la búsqueda de la comprensión, del conocimiento o de una habilidad. Se produce fuera de los planes de estudio de las instituciones educativas, o de los cursos o talleres ofrecidos por dichos organismos educativos. Los términos básicos del aprendizaje informal están determinados por los individuos y grupos que deciden participar en él. Se lleva a cabo por cuenta propia, ya sea individual o colectivamente, sin que exista ninguna imposición externa de criterios y sin instructores formales (Livingstone, 1999).

- Aprendizaje formal-intencional: ocurre en contextos como salas de clase, *e-learning,* lectura de un libro para un curso, estudio para un examen, etc.

- Aprendizaje formal-inesperado: ocurre en contextos como desarrollo de un trabajo de investigación, trabajo en equipo con compañeros, búsqueda de información en Internet para una asignatura, etc.

- Aprendizaje informal-intencional: ocurre en contextos como participar en un taller o seminario, asesorarse con un compañero o experto, capacitarse, ver un vídeo en YouTube para aprender a usar un *software,* etc.

- Aprendizaje informal-inesperado: ocurre en contextos como interacción con redes sociales (en línea y sin conexión), navegar por Internet en momentos de ocio, observar cómo otra persona utiliza una determinada tecnología, colaborar en una wiki, etc.

- Aprendizaje invisible: se centra en cómo aprender y no en qué aprender. Esto requiere un profundo cambio estructural y operativo, desde producir estudiantes con el conocimiento suficiente para llevar a cabo una tarea con funciones predefinidas (es decir, trabajadores industriales o burócratas) hasta el hecho de facultar a los estudiantes para que desempeñen nuevos papeles, utilizando las habilidades de pensamiento crítico, la evaluación de las oportunidades de su entorno, la creación de nuevos conocimientos y el liderazgo proactivo. Estas habilidades son esenciales para el éxito de un agente del conocimiento o *knowmad* en un entorno económico que demanda constantes innovaciones.

1.3. Los títulos, ¿sirven para algo?

Otra pregunta común cuando se trata este tema es: pero ¿no es mejor tener títulos para que te escojan o contraten? Porque el aprendizaje informal no te los da. Pues depende; está claro que hay títulos en determinadas profesiones que son imprescindibles (médicos, abogados, pilotos de avión…), y muy recomendables en otro tipo de trabajos. Y es cierto que aún a día de hoy se valoran los MBA y tantas otras certificaciones. La cuestión es que, en una sociedad del conocimiento cuyas tecnologías avanzan de manera exponencial y en la cual se nos va a exigir que estemos siempre al día… ¿Realmente es factible pasarnos toda la vida haciendo másteres y sumando nuevos títulos académicos? Porque no creo que haya bolsillo que lo aguante, ni ganas. Defiendo totalmente los beneficios de un máster o tipo de educación similar, larga en el tiempo, pero en lo que no creo en la concatenación de los mismos. Dicen que la «titulitis» está en vías de extinción y lo comparto. Las empresas del futuro (como los dirigentes de muchas de ellas, tipo Steve Jobs, y todos sabemos su historia) valorarán muchas otras cosas, como las llamadas habilidades blandas, por ejemplo, más allá de una ristra de certificaciones.

Esto es lo que piensa al respecto el vicepresidente de Recursos Humanos de Google, Laszlo Bock, en una entrevista hecha para *The New York Times:*

> «Una de las cosas que hemos aprendido tras analizar todos los datos de nuestro proceso de selección es que el expediente académico y la puntuación de los candidatos en los test son inútiles como criterio de contratación».

Pero eso no significa que los centros educativos que ofrecen formación vayan a desaparecer; al revés. Cada vez más personas tomarán conciencia de la necesidad de formarse/actualizarse, pero por mejorar su empleabilidad de manera real y no por sumar líneas en la parte de abajo del currículo. ¿Recuerdas el ejemplo de vernos como si fuéramos un *smartphone* del capítulo de gestión del cambio? Es algo parecido: nos conviene desarrollar un *software* potente (la carrera, especialización –que puede ser reglada o artesanal–, el máster…) y luego ir sumando aplicaciones de manera constante, sin olvidar actualizarlas (a través de cursos cortos, con el autoaprendizaje…).

Termino esta parte con el *Manifesto Edupunk,* término que alude a la enseñanza y al aprendizaje inventivos, porque tiene un decálogo disruptivo, divertido, que invita a la reflexión… y a colgarlo en más de una sala de reuniones.

1. Las clases son conversaciones.

2. La relación es dinámica y la dinámica es relacional.

3. Sea hipertextual y multilineal, heterogéneo y heterodoxo.

4. No es lo que pasa en el aula, es el mundo en el aula.

5. Sea como el caminante... haga camino al andar.

6. Sea mediador y no medidor del conocimiento.

7. Rómpase la cabeza para crear roles; cuando los cree, rómpales la cabeza.

8. Sus roles deben ser emergentes, polivalentes, invisibles.

9. Asuma el cambio, es sólo una cuestión de actitud.

10. Siéntase parte de un trabajo colectivo.

11. No sea un televisor, interpele realmente a los que lo rodean.

12. Expanda su mensaje, haga estallar las cuatro paredes que lo rodean.

13. Mezcle, cópiese, aprópiese, curiosee, juegue, transfórmese, haga, derrape.

14. Al carajo con la oposición real/virtual.

15. Sin colaboración, la educación es una ficción.

16. Sea un actor en su entorno, investigue a través de la acción.

17. Hágalo usted mismo... pero también y esencialmente, hágalo con otros.

18. Sea *edupunk,* destruya estas reglas, cree las suyas y luego, destrúyalas.

2. Dar un primer paso, la fórmula para gestionar bien el tiempo

¿Cómo consigues hacerlo todo? ¿De dónde sacas el tiempo?... He aquí algunas de las otras cuestiones vitales a las que me expone mi hiperactividad nómada con cierta asiduidad. Y no tienen fácil respuesta, ya que cuento con las mismas 24 horas que tiene el día, como el resto de la humanidad. Aunque perezosa no soy y eso supongo que ayuda, también tengo familia, series que me enganchan y me apetece ver, libros que necesito leer, amigos con los que quedar para arreglar el mundo o desconectarme del mismo, destinos por conocer... Y de vez en cuando unas irresistibles ganas de no hacer nada (léase contemplación meditativa). Por eso creo que debiéramos plantear la pregunta al revés: «¿cómo haces para optimizar tu tiempo?» o «¿cómo haces para no perder el tiempo?». Porque en realidad el problema para no hacer todo aquello que nos proponemos suele estar relacionado con una planificación deficiente y con esas vías de escape por las que se nos van los minutos sin darnos cuenta.

Según un estudio hecho por la empresa Confluence, perdemos un tiempo increíble en el trabajo, sobre todo aquellos que están atados a una silla y a un horario: el 40% del tiempo de trabajo se gasta en algo improductivo; el 80% de las interrupciones que se producen son innecesarias ¡y nos interrumpen unas 56 veces al día!; recuperarse de estas distracciones nos cuestan dos horas de reloj. Durante las reuniones de trabajo el 91% se dispersa durante la reunión y de este total el 39% se duerme en algún momento. Démosle la vuelta: sólo se usa de modo productivo el 60% del tiempo que se pasa en el trabajo. Unas cifras que lógicamente la flexibilidad laboral y el teletrabajo van a ayudar a disminuir drásticamente, y que los trabajadores nómadas no pueden permitirse tener sobre todo si colaboran con varios sitios a la vez y porque sus proyectos se pactan con fecha de entrega. Por eso, porque para adquirir una mentalidad nómada es importante tener una buena gestión personal del tiempo, una manera de empezar consiste en revisar de qué manera pierde uno el 40% del mismo, identificar a los ladrones de tiempo, y tomar medidas al respecto. Cuanto más operativo –de verdad– se aprende a ser, menor es el trabajo que toca llevarse a casa (aunque sea en forma de estrés en la cabeza) y el que se puede dedicar a lo que interese.

Por supuesto hay consejos de toda la vida, especialmente válidos para quienes necesitan empezar a activar el plan B o quieren aprovechar para formarse en algo: inglés, curso web, etc., como utilizar la hora de la comida, los trayectos de viaje a la oficina… Y otros típicos como quitarse de algún vicio improductivo, como pueda ser ver la tele. ¿Muy manido? Piénsalo así: ¿qué podrías llegar a conseguir si le sacaras 90 o 120 minutos al día, todos los días, durante meses o un año? Echa cuentas.

2.1. La técnica de las palomitas de maíz

Hay un montón de páginas web y buenos profesionales que pueden ayudar a conseguir una mejor planificación con el método GTD (Gettings Things Done). En mi caso, no voy a mentir, me da tiempo a hacer las múltiples cosas en las que me meto porque a veces me obligo a elegir haciendo una pirámide de prioridades y otras también porque me toca rascar horas de mis tardes/noches y fines de semana al ocio para dedicarlas a actividades profesionales. Si bien ambas cosas cada vez están más difuminadas… El caso es que me he dado cuenta de que me identifico bastante con una de las teorías de uno de estos expertos en GTD, Jero Sánchez, que él llama técnica de las palomitas de maíz. ¿Para qué sirve? Ayuda a superar ese momento de pereza inicial que –da igual que te encante lo que tienes que hacer; siempre hay alternativas más tentadoras alrededor– nos asalta a la hora de tener que acometer algo y que si encima es algo nuevo… más pereza da. Así lo explica él:

> «Estoy seguro de que a todos nos ha pasado alguna vez. No tienes hambre pero alguien te ofrece una palomita de maíz. La aceptas y te la comes. De forma casi automática tomarás una segunda, después una tercera, y así sucesivamente. En un proceso inconsciente, si te dejan, empezarás a comerte todas las palomitas hasta que termines la bolsa. Lo único que tuviste que hacer fue dar el primer paso, tomar la primera palomita y llevártela a la boca. El mecanismo para empezar y terminar tareas funciona de forma muy parecida. El principal problema al que nos enfrentamos con las tareas difíciles es dar el primer paso. Una vez vencemos la resistencia inicial, todo se desencadena sólo, casi sin esfuerzo».

Ese es el truco: dar el primer paso. Después, como él mismo cuenta:

> «Una vez logro un poco de concentración, el interés por la tarea crece rápidamente. De ese modo da inicio una especie de reacción en cadena que me lleva a trabajar en esa tarea durante una hora, o incluso más tiempo, hasta terminarla».

Creo que, más allá de que me ayude de herramientas como Evernote o de otros sistemas de gestión y efectividad, mi secreto es tan simple como el de las palomitas de maíz. Empiezo con una, doy el primer paso, y me sumerjo en esa labor determinada hasta que me las como todas: doy el proceso en el que sea que esté metida por terminado. Hay algo que, una vez tomada la decisión de zamparse la primera, ayuda: según varios estudios, a los 20 minutos de estar sumergido en una tarea llegas al estado de *flow* (fluir) o de concentración máxima, en la que todo toma carrerilla y las cosas van cogiendo forma;

lo que al principio costaba o resultaba pesado de realizar, cuando ya estás trabajando en ello se acelera, esclarece y resulta más fácil. Como dice el refranero popular: «se alcanza el éxito convirtiendo cada paso en una meta y cada meta en un paso».

3. Practicar el despido interior

Esta técnica puede ser útil para aquellas personas que se encuentren atrapadas en un trabajo que no les realiza, o les hace sentir mal, pero aún no están preparadas para dar el salto hacia fuera. Y que por las cifras que voy a dar a continuación, incluye por desgracia más gente de la que sería deseable en ningún sistema que se sostenga:

- El 75% de los empleados se levantan los lunes por la mañana con resignación e indiferencia a la hora de afrontar su jornada laboral. Principalmente porque no les gusta lo que hacen y se dedican a cumplir con lo que les toca.

- Casi el 80% de la población activa española sostiene que la empresa para la que trabajan les trata como máquinas y números.

- El 80% de los empleados afirma que su jefe ejerce un liderazgo egocéntrico y autoritario, orientado excesivamente a lograr resultados en el corto plazo.

- El 62% de los trabajadores afirma «que su jefe los controla constantemente» y les impide gozar «de libertad y autonomía».

- El 63% de los asalariados españoles dice que le incomoda el mal ambiente que se respira en su empresa y entre sus propios compañeros de trabajo. Y que este se debe a la falta de apoyo y comunicación, así como a las envidias y rivalidades.

El panorama laboral que se dibuja es desolador y la realidad seguro que no es para tanto. Hay empresas maravillosas que se preocupan y cuidan a su gente a la par que cuidan sus beneficios (las hemos visto); existen jefes alucinantes con los que aprender y crecer, que confían, delegan y empoderan, y, por supuesto, existen compañeros inestimables que acaban convirtiéndose en amigos. Pero para quien entre en algunos de los porcentajes mencionados y sienta angustia, desazón, apatía, inquietud o sufrimiento, es el momento de que tome las riendas de su vida laboral. También puede suceder que uno no esté mal, ni su compañía tampoco, pero los intereses profesionales discurran por otro camino; o quizá viva bajo la amenaza constante de despido, cierre o ERE, y ya no le interesa seguir sufriendo esa desmoralizante presión; incluso puede que a alguien le guste su trabajo pero le haya tocado en suerte un mal jefe y se le hayan acabado las alternativas; o quizá sienta que ha crecido profesionalmente y que la empresa se le queda pequeña, por lo que desea abrirse nuevos horizontes y buscar un lugar donde desarrollar los talentos a pleno rendimiento. O quiera explorar mundo, investigar nuevas vías, cruzar charcos.

Sea cual sea tu caso (puedes combinar), el momento de que practiques tu despido interior es ahora. Sí, he dicho despido. Autodespido mental, para ser más exactos. Tienes que echarte a ti mismo de la empresa en la que estás, pero en la que ya no deseas estar. Es un ejercicio de visualización: imagínate que entras en el despacho del director/a de Recursos Humanos, te sientas delante y, con serenidad, le presentas tu dimisión. Y además, amablemente le explicas las 10, 15 o 20 cosas por las que has decidido dejar ese trabajo. ¿Por qué funciona? Porque te obliga, precisamente, a pararte a pensar en las razones por las que ya no quieres seguir ahí, lo cual a su vez empieza a darte pautas y señales de lo que sí querrás encontrar (por comparativa) en el próximo sitio al que vayas a trabajar; hallarás referentes de lo que has de buscar, porque es lo que te hará sentir bien, en tu próximo trabajo.

Es el primer paso para el control de tu destino laboral. Cuanto más detallada y trabajada esté esa lista, mucho mejor. ¿Quieres crecer? ¿Cambiar? ¿Sentirte feliz? ¿Realizado? ¿Darlo todo? ¿Encontrar tu sitio? ¿Tener futuro? Hay que empezar por conocerse y dialogar con uno mismo. Es imprescindible tomar las riendas de nuestro propio destino y no dejar que sean otros –ni el azar– los que decidan por uno. Y a partir de ahí eliminar miedos y barreras para dar los pasos correctos hasta hallar el lugar en el que encajemos como un guante, o como una pieza de puzle. Sí, soy idealista al respecto, pero sólo porque conozco cada vez más casos de personas que en un momento dado se autodespidieron de lo que hacían para contratarse en lo que deseaban hacer.

Beneficios colaterales:

1. Este despido interior, con su análisis previo, puede darte la confianza y autoconocimiento necesarios para plantear a la empresa una salida real adecuada, en la que todos ganen. Cuando las cosas se hacen, comunican y exponen de un modo civilizado, lo normal es llegar al entendimiento. Expón tu situación desde el positivismo, la argumentación. ¿Cuál es el peor de los escenarios? Que te digan que no. Pues, aun así, tú ya has ganado, porque has experimentado lo que significa estar fuera de la zona de confort ¡y has sobrevivido!

2. En el caso de que se te adelanten y te despidan, aunque en el momento de comunicártelo posiblemente surja enfado o indignación, al poco tiempo sentirás liberación. Total, ¡por algo te habías despedido mentalmente a ti mismo meses antes! Aunque parezca que esa persona que te tachó de la lista tiene el control de tu futuro laboral, en verdad esa decisión ya la habías tomado tú antes, así que el control de tu vida profesional siempre fue tuyo (recordar eso es importante para no sentirse descolocado y huir de victimismos). Por eso, nada de rencores. Es más, toca agradecer porque a veces uno necesita una patada en el trasero para comer la primera palomita.

Por supuesto, despedirse internamente no significa, nunca, jamás, bajar el rendimiento ni trabajar menos mientras se siga en activo en un lugar. Porque si algo hay que demostrarse a ti mismo es que te merecen y te necesitan en otra empresa mejor, o aquella que se adapte a ti, o la que tú quieras montar. Y al demostrártelo a ti mismo se lo demuestras a los demás. Profesionalidad y responsabilidad, siempre.

Además, piensa que la empresa en la que ya no encajas también se merece tener a alguien comprometido, o que funcione según sus parámetros. Lo que para ti ya no sirve puede ser lo que necesite o haga feliz a otra persona.

No hay que temer dar pasos hacia la consecución de nuestros sueños, ni vergüenza si por ello te toca salirte de lo establecido, ni pereza para hacer todo lo que esté en tu mano para activar tu sueño.

4. Identifica tus habilidades blandas (*soft skills*)

Tómate tu tiempo para conocerte a ti mismo. Esto quizá debiera ir al principio del capítulo, al principio del libro, al principio de los principios, de lo importante que es. ¡Cuán normal es que avancemos por la vida sin saber adónde queremos dirigirnos, porque no hemos hecho el ejercicio de reflexionar sobre nosotros mismos! En mis talleres de marca personal digital la parte a la que más importancia le concedo, por encima de saber cómo hacer un buen blog o utilizar correctamente Twitter o LinkedIn, es tener claro qué queremos y en lo que se pueda –pues es imposible conocerse del todo– cómo somos. Si el *knowmad* es un trabajador del conocimiento y esta es la era del conocimiento, qué menos que empezar por conocerse uno mismo. Para poder marcarse un objetivo y saber hacia dónde queremos ir, pero también para reconocer con mayor facilidad nuestras aptitudes, fortalezas y habilidades, que al fin y al cabo son las que nos indicarán el mejor camino a seguir.

Hay dos tipos de habilidades que identificar:

1. Habilidades duras o *hard skills:* parten del cociente intelectual de una persona y tienen que ver con la capacidad para realizar un determinado tipo de tarea o actividad; están vinculadas al conocimiento, a lo mesurable en términos exactos, a destrezas puntuales. Por ejemplo, dominar inglés en nivel avanzado. Se pueden medir y calificar.

2. Habilidades blandas o *soft skills:* están relacionadas con el cociente de inteligencia emocional, que es el conjunto de rasgos de personalidad, habilidades sociales, comunicación, lenguaje,

hábitos personales, que caracteriza a las relaciones con otras personas. Componen la capacidad de una persona para interactuar efectivamente con compañeros, jefes, clientes, etc. Algunas de estas habilidades pueden ser: capacidad para trabajar bajo presión, flexibilidad y adaptabilidad ante distintos escenarios, habilidad para aceptar y aprender de las críticas, curiosidad e imaginación, pensamiento crítico y analítico, autoconfianza y capacidad de ser confiable, comunicación efectiva, habilidades para resolver problemas, administración del tiempo (puntualidad), capacidad para trabajar en equipo y de manera colaborativa, proactividad e iniciativa, voluntad para aprender...

Voy a centrarme en las segundas, pues son las que han estado más ocultas –e incluso discriminadas– en los entornos laborales, pero son las que están resurgiendo con más fuerza. ¿Por qué? Pues porque cuando hablamos del *pow (presfut of work)* hablamos de colaboración, de proyectos colaborativos, de entornos laborales donde prima lo social *(social business, social network...)* y se trabaja en redarquía. Y ¿qué es lo que hace que una red de colaboración funcione adecuadamente? Las habilidades blandas *(soft)* que son las que complementan a la tecnología *(hard)*. Habilidades para liderar, gestionar, equilibrar, trabajar en equipo y hacer posible la consecución de objetivos: autonomía, pasión, proactividad, autoliderazgo, integridad, coherencia, capacidad de escucha activa, interés, curiosidad, autenticidad, buena gestión del tiempo, responsabilidad personal y social, capacidad de reflexión, confianza, motivación, aprendizaje continuo, humildad, empatía...

Sí, justo esas habilidades que las empresas cada vez valoran más por aquello de «puedo enseñarte el conocimiento pero no puedo enseñarte a sentir pasión por lo que haces». Y por ello está muy bien tengas las tuyas identificadas. Lo bueno de las habilidades blandas, como su nombre indica, es que aunque son difícilmente medibles juegan con la ventaja de ser adaptables, moldeables y evolutivas. Podemos trabajar en ellas para mejorarlas, potenciarlas y conseguir así una mayor empleabilidad en el trabajo en red, desde la perspectiva de lo social.

4.1. Test de Myres Briggs

Hay infinidad de fórmulas para trabajar sobre uno mismo y conocerse mejor: libros, profesionales, test, meditación... Yo te propongo, como punto de partida, realizar el Indicador de Tipos de Myers Briggs (o MBTI, por sus siglas en inglés), creado por Katharine Cook Briggs e hija. Está elaborado con bastante lógica y consiste en hacer un sencillo test que puede ser divertido y, por lo tanto, animar a seguir descubriendo más cosas sobre uno mismo; identifica bastante bien estas habilidades blandas. Por si te da más seriedad, comentarte que lo usan en ING Direct (yo lo he hecho con ellos) a menudo. No para decidir a quién contratar, sino para sacar el máximo provecho de las personalidades de cada uno. Con este test deciden a quién poner al frente de un nuevo equipo, o ver como equilibrar personalidades en un nuevo proyecto, para entender por qué cuesta entender a un compañero... En definitiva, lo usan para mejorar la comunicación con el empleado, el trabajo de equipo y el liderazgo.

¿En qué consiste? En averiguar a cuál de los 16 tipos de personalidad perteneces, en función de lo siguiente:

- Cómo enfocas tu atención u obtienes tu energía (extraversión o introversión).

- Cómo percibes o tomas la información (sensación o intuición).

- Cómo prefieres tomar decisiones (pensamiento o sentimiento).

- Cómo te orientas hacia el mundo exterior (juicio o percepción).

Aunque todos utilizamos las ocho preferencias (sensación, juicio, pensamiento...) encontramos una de las opciones de cada par más sencilla de utilizar, más interesante o más cómoda que su opuesta. El resultado ofrece bastante información sobre el tipo de personalidad que se tiene, que se define con siglas: INTJ, ENFP, o ESTJ en función de tus preferencias dominantes: analistas, diplomáticos, exploradores... Sirve para obtener un mejor entendimiento de ti mismo, de los demás y del impacto que tu tipo tiene en tus interacciones diarias. Pero no hay que olvidar que es un indicador, no es determinante, aunque yo lo encuentro útil. Puedes encontrar varios test en Internet, pero este está muy bien elaborado: www.16personalities. com (en castellano).

5. Define el tipo de personas con las que te gusta(ría) trabajar

Es algo que también merece la pena tener en cuenta, sobre todo si has de formar un equipo, buscas colaboradores para un proyecto, empleados... Piensa en los valores o actitudes y formas de ser de compañeros, jefes, etc. que hayas tenido a lo largo de tu carrera, y que te dejaron una huella positiva. O dale la vuelta si te resulta más fácil: ¿con qué tipo de personas no quieres volver a compartir espacio profesional ni en broma? Haz una lista con las características que te echan para atrás, y luego ponlas en positivo (sus contrarias). El resultado son aquellos valores/características que consideras importantes y convendría tener en cuenta para el próximo movimiento.

Y, ¿cómo averiguar si ese trabajo que nos han ofrecido, o que a priori nos interesa, encajará humanamente con nosotros? Toca ingeniárselas para hablar directamente con sus empleados y recabar información de primera mano. No se trata tanto de hacer caso a los rumores sino de palpar el ambiente que se respira, el grado de felicidad de las personas que trabajan ahí; detectar por qué valores se rigen, si la cultura de empresa que transmiten te hace sentir cómodo... Y, por supuesto, preguntando directamente a tus futuros empleadores sobre la cultura de empresa y aledaños. Es también muy interesante saber el tipo de personas que profesionalmente son más afines contigo no sólo pensando en la felicidad, sino para orientarse mejor hacia el dónde dirigirse, si estás virando tu carrera hacia otro lugar.

Bolles tiene un capítulo en su libro *¿De qué color es tu paracaídas?* que trata expresamente esto. Él lo llama «El ejercicio de la fiesta». Este escritor dice:

> «Las personas también pueden ayudarte a identificar profesiones. Esto es debido a que cada profesión tiene un tipo característico

de entorno humano. Dinos qué profesión te interesa y te podemos decir, de manera general, qué entorno humano ofrece, en función de seis factores. O bien dinos qué tipo de entorno humano quieres encontrar –en función de esos seis factores– y te podremos decir qué profesiones te lo pueden ofrecer».

El método es del doctor John L. Holland y estos son los seis entornos que propone:

1. Entorno humano realista: gente que prefiere las actividades de manipulación explícita, ordenada o sistemática de objetos, herramientas, maquinaria y animales. Realista = percibir por los sentidos. Le gusta la naturaleza, animales, plantas, deporte, herramientas y maquinaria, aire libre.

2. Entorno humano investigador: gente que prefiere actividad de observación e investigación de fenómenos físicos, biológicos o culturales. Gente con curiosidad, que les gusta investigar o analizar cosas, personas o datos.

3. Entorno humano artístico: gente que prefiere actividades que conllevan actuaciones o competencias ambiguas, libres y no sistematizadas para crear formas o productos artísticos. Gente imaginativa, artística, innovadora, que no le gustan los relojes.

4. Entorno humano social: gente que prefiere las actividades que conllevan la manipulación de los demás para informar, formar, desarrollar, curar o iluminar. Gente inclinada a ayudar, enseñar o servir a otras personas.

5. Entorno humano emprendedor: gente que prefiere actividades que conllevan la manipulación de los demás para conseguir metas organizativas o de interés personal. Les gusta poner en marcha proyectos u organizaciones, vender cosas, influenciar o convencer.

6. Entorno humano convencional: gente que prefiere las actividades que conllevan manipulación explícita, ordenada o sistemática de datos, como llevar un registro, clasificar material, datos

escritos o numéricos, según un plan preestablecido, gestionar un negocio. Le gusta el trabajo detallado y completar tareas o proyectos. Convencional = corriente dominante en nuestra cultura.

Ahora, imagina que estás en una fiesta en la que también han invitado a seis grupos de personas, en función de estos seis entornos. Tienes que decidir a qué grupo te acercas primero (te apetece más charlar con ellos, se generaría conversación, compartirías intereses). Al cabo de quince minutos estos se tienen que marchar. ¿A cuál de los cinco grupos restantes te acercarías ahora? Vale. Estos también se van. Por último, y para no quedarse colgado... ¿a cuál de los cuatro grupos restantes te acercarías de nuevo?

Por lo visto, todos tenemos tres entornos humanos preferidos, dentro de los seis. Las iniciales de tus tres entornos escogidos por orden (S de social, E de emprendedor...) forman tu código Holland y pueden darte una idea de campos a los que asomarte profesionalmente, más allá del que estás acostumbrado. Merece la pena tomarse un tiempo para pensar sobre esto, nuestra felicidad laboral (¿acaso hay algo más importante que la felicidad, la sitúes donde la sitúes?) está en juego. Y ya sabemos que felicidad laboral = mayor productividad. Si ahora mismo estás en situación límite, trabajas para subsistir, puede ser igualmente útil tener esto en cuenta. Si tienes que aceptar un trabajo en el que ya sabes de antemano que no encajarás, podrás contar con ello. Pero si es este tu caso, necesitas...

6. Ten preparado un plan B

Con nuestras habilidades blandas y duras identificadas, los entornos profesionales que más nos tiran también detectados, y sabiendo el tipo de compañía que deseamos tener, probablemente resulte más sencillo empezar a dar forma en la cabeza a un plan B que, como buen nómada, irá transformándose, cambiando, definiéndose y que –en el momento adecuado– acabará materializándose.

Quizá merezca la pena recordar aquí el significado de profesión, que es la mezcla de oficio y de vocación. Al oficio lo caracteriza un logro que se halla socialmente definido en términos de éxito económico.

A la vocación también la caracteriza socialmente su logro, pero este se define en términos de realización personal. Si alguno de los dos falla, algo internamente nos va a pedir buscar alternativas.

Tener un plan B, cuando uno está atrapado en esa zona de confort de la que desea o resulta imperativo salir, es imprescindible. Por salud mental, por ilusión. Nos da las fuerzas y las energías que nos quita o agota el trabajo que no nos satisface. Eso sí, sólo adquiere sentido tener un plan B si estamos dispuestos a conseguir se transforme en un plan A. No se trata de tener en la recámara algo por si lo demás falla. No vale «si me echan me pongo a trabajar en la tienda de mis padres» ni «me meto en el ejército» ni «abro un chiringuito en la playa».

Exagero con los ejemplos, pero para entender que el plan B no es el recurso fácil (tienda), ni de supervivencia (ejército) ni el irreal (chiringuito). Es un plan de acción, real, no imaginario. Y que nos apetece, que va acorde a nuestros deseos profesionales. Que empieza con una idea y debemos ir trabajándolo para que se acabe convirtiéndose en tangible. El objetivo tampoco es esperar a que te echen para llevarlo a cabo. Aunque si te echan o similar te aportará mucha tranquilidad mental tenerlo al menos planificado.

Lo ideal, para quien necesita hacer los cambios con cierta transición, es compatibilizar el trabajo actual con iniciar el plan B. Poniendo en práctica el despido interior sin dejar de trabajar de la mejor manera posible siempre para la empresa en la que estás. Quizá te preguntes cómo trabajar de la mejor manera posible si el autodespido es incompatible con la motivación. Suponiendo que aún te quede algo de motivación –difícil si entras en las cifras que vimos antes– es precisamente el activar un plan B lo que puede inyectar esa dosis de ilusión perdida. Porque poner en marcha un proyecto externo –fuera de la rutina, que nos haga crecer, que nos aporte– produce ilusión, y la ilusión da energía para sobrellevar las situaciones de otra manera. Incluso, quién sabe, se puede crear un proyecto externo que acabe siendo de utilidad dentro de tu empresa y te recoloque en la misma.

Tener un plan B en realidad es convertirse en emprendedor: tener una idea, un objetivo, estudiar las maneras de llevarlo a cabo e implementarlo. El plan B también puede darte la posibilidad de ser un trabajador *moonlighter,* y desempeñar una actividad como *freelance* además del trabajo habitual, con lo cual también se habría convertido en plan A. Y si lo que estás planteándote es una reinvención laboral total, razón de más para que empieces lo antes posible a activar tu plan B. Se pueden dar pasos tan cortitos –si no se sabe muy bien por dónde empezar– como seguir en las redes sociales, en Internet, a personas que se dedican a eso con lo que tú sueñas, e ir viendo cómo lo hacen. Si estás actualmente desempleado, aprovecha el tiempo del que dispones para esto mismo o, al igual que en los casos anteriores, compatibiliza la búsqueda de un trabajo instantáneo con el que ir tirando, con la elaboración de tu plan B.

Todo este apartado está sumamente ligado a la creación de una marca personal digital, que en el próximo capítulo trataremos. Idear, desarrollar, e implementar un plan B tiene otro gran beneficio: moldeamos nuestra mente, ya que la acostumbramos a tener varios focos abiertos (estamos trabajando para la empresa X y para nuestro propio negocio a la vez) lo cual ayuda a adquirir mentalidad nómada. Es muy probable que en el futuro toque lidiar con dos, tres o cuatro proyectos distintos de diferentes empresas al mismo tiempo, que es lo que habitualmente hacen los *freelances*. Cuanto más cómodos nos sintamos en ese estado de multitarea y ejecuciones paralelas, mejor nos irá. Tener un plan B es estar en movimiento, ser proactivo vs estar estancado, vs ser reactivo.

7. Invierte 1 euro con 20 céntimos en los demás (escucha activa)

«Crear un futuro positivo comienza con la conversación humana. La inversión más simple y más poderosa que cualquier miembro de una comunidad u organización puede hacer para la renovación, es empezar a conversar con otra gente como si las respuestas importaran». Una potente y certera frase de W. Greider.

Una inversión tan barata y sencilla como es la de invitar a un café, puede generar cosas increíbles. Utilizar el intercambio de conocimiento por el coste de un café es algo que hacemos todos continuamente, pero sin pensar de manera consciente en sus beneficios: con amigos, compañeros, familiares, con esa persona a quien por fin desvirtualizas y con quien compartes un buen rato más allá del 2.0... La conversación no es otra cosa al fin y al cabo que intercambio de información, mezclada con emociones, valores y sentimientos. Un café, compartido, en buena compañía, es capaz de resolver un dilema, de minimizar un problema, de encontrar la solución, de apaciguar los ánimos o de exaltarlos, de aliviar un dolor del alma... Y todo por 1 euro con 20 céntimos (aproximadamente). Es, sí, la inversión más simple y poderosa que existe. Invertir en una conversación y en escuchar, como si la respuesta importara. Haciendo que importe. Una herramienta imprescindible para adquirir mentalidad nómada. Acostumbrarse a escuchar, a todo tipo de personas, de diferentes lugares, países, etnias… Algo que ayuda a flexibilizar y abrir nuestra mente.

7.1. Metodología World café

Hay emprendedores/empresarios que han decidido aplicar este concepto al trabajo y darle forma de metodologías: lo que se conoce como World Café (www.theworldcafe.com). ¿Y en qué consiste esta metodología? En, como explican en la web conversacionesparatodos.com, «crear redes de diálogo colaborativo, alrededor de asuntos que importan en situaciones de la vida real. Es una metáfora provocativa: a medida que creamos nuestras vidas, organizaciones o comunidades, estamos en efecto, moviéndonos entre mesas de conversaciones de un café». El World Café ayuda a apreciar la importancia y conexión de las redes informales de conversación y el aprendizaje social a través de los cuales:

- Descubrir el significado compartido.

- Tener acceso a la inteligencia colectiva.

- Impulsar el futuro hacia delante.

Entre individuos y dentro de las organizaciones, nosotros generamos significado como resultado de la calidad de las conversaciones en las que participamos. De hecho, creamos el mundo y su futuro a través de un proceso de conexión con otros, compartiendo el conocimiento y el saber hacer *(know-how)* y construyendo relaciones, todo a través del proceso de la conversación colaborativa. Y es que es en los momentos más simples cuando surgen las grandes ideas.

¿Cómo llevarlo a la empresa?

1. Las organizaciones punteras ya han hecho algo parecido, comenzando por lo más básico –e importante–: generar un espacio físico agradable, que recuerde a una cafetería y en la que por cierto el café/té es gratis para los empleados, donde poder compartir colaborativamente estas ideas.

2. Hay un tema (o varios) a trabajar ya previamente asignado, pero se habla de lo que se quiere conseguir en el futuro, no se centran en los problemas presentes.

3. El espacio debe ser emocionalmente seguro, para que todos se sientan libres de expresarse, sin miedo a ofrecer sus opiniones.

4. Se establecen rondas de conversación y las personas van cambiando de mesas, para ir polinizando en los diferentes círculos las ideas, e ir profundizando en ellas.

5. Se recogen las conclusiones y analizan.

Es práctico como metodología y muy interesante como concepto, que traduzco así: conversar es escuchar; escuchar –con atención plena, como si te importara; haz que te importe– es valorar; valorar es empoderar; empoderar es dar libertad al otro para que a su vez de lo mejor de sí, su creatividad. Escucha a tus socios, colaboradores, empleados. Te sorprenderán.

8. Motivadores extrínsecos frente a Motivadores intrínsecos: cuando el dinero ya no es el principal activo

Que no se me interprete mal. El dinero es importantísimo en cuanto que nos permite vivir. Así de claro. Y defiendo la dignidad en los salarios y en pagar bien, porque siempre tendrá mejores resultados. Ya conoces el dicho: «si pagas con cacahuetes, reclutarás monos». Además de ser una verdad categórica, en principio parecería que no hay mucho más que explicar. Trabajo mal pagado = trabajador insatisfecho y resultados mediocres en el corto/medio plazo. El error está en traducir cacahuete sólo por dinero, y en pensar que el mono sólo dejará de serlo si le aumentan el sueldo. Lógicamente, una correcta retribución siempre ayudará a conseguir mejores resultados, que a la larga se traducirán en beneficios para la empresa. Y lógicamente también, cuando se ofrece un trabajo que será considerado como la última opción por el candidato, éste reaccionará a la altura. Si la correspondencia entre lo que se pide/exige/espera no está compensado con lo que se paga/retribuye/motiva, apaga y vámonos. Pero el dinero no lo es todo. Al menos, no todo lo que los trabajadores, los que merece la pena conservar, buscan. Ya sabemos que siempre habrá monos que por mucha seda que vistan y bien pagados que estén, monos serán... El dinero, como vimos al principio del libro, ya no es el activo que mueve el mundo, es el conocimiento. Y tampoco es el activo más valioso para el trabajador. Hay expertos que incluso se atreven a decir que el dinero suele resultar una fuente de insatisfacción en lugar de un motivador y que la mayoría de la gente no trabaja más duro, o de manera más creativa o cooperativa, porque se les pague más. Comparto lo de que no es el mejor incentivador que existe, pero desde luego un mal sueldo/pago tampoco es nada motivador. Cuando hablo lo de replantearnos el salario, es por tener en cuenta –además del dinero, que siempre estará ahí– los activos intangibles, o motivadores intrínsecos, que pueden ser fuente de mayores satisfacciones.

8.1. Motivadores extrínsecos

Como explica el Seth Godin en su libro *¿Eres imprescindible?*:

> «En la actualidad, la única forma de crecer es destacar, crear algo de lo que realmente valga la pena hablar, tratar a la gente con respeto y provocar que ellos se encarguen de pasar el mensaje».

Y, ¿acaso hay mejores embajadores de marca que los propios trabajadores, contentos, realizados y satisfechos? Mirémoslo desde otra perspectiva: ¿cómo hablarán de tu empresa los trabajadores que detesten y desprecien el sitio al que van a trabajar? Empecemos por la parte económica (motivador extrínseco). Godin dice:

«Si no eres capaz de ver quién es mediocre y quién es excepcional cuando los contratas, y pagas a todos un salario estándar o descompensado, ¿qué ocurre? Los trabajadores excepcionales están mal pagados porque deben trabajar más para compensar a aquellos que generan menos. Y ese es el motivo porque deben marcharse, y lo harán. Los trabajadores de máximo rendimiento empiezan a darse cuenta de que no les compensa hacer trabajo de fábrica a salario de fábrica simplemente para subsidiar al jefe».

Vamos, que te quedas con los monos de verdad. Se extraen varias conclusiones de este párrafo: en esta era no tienen sentido como ya sabemos establecer un trabajo de fábrica, ni lo tiene tampoco que te paguen al peso, pues hay cosas que aunque se intenten no son cuantificables, pero que pueden generar muchísimos beneficios. Hemos alcanzado el final de lo que Thornton May llama ABC (Compensación Basada en la Asistencia), y que yo rebautizo como CGE (Calentamiento Global de Silla). Las organizaciones que funcionan, las que tienen futuro, aquellas que se librarán de la extinción, pagan –en un deseo de ganar-ganar– a personas eficientes no por realizar un trabajo mediocre, sino porque aportan elementos diferenciales. La única manera de que una empresa reflote o vaya bien es que destaque, que ofrezca un trabajo emocional rico (la gente desee estar ahí y dar lo mejor de sí), y que sea considerada imprescindible porque aporta un valor añadido. Lo demás es pan para hoy, y hambre y paro para mañana.

8.2. Motivadores intrínsecos

«Hay jefes que pueden sentirse amenazados por alguien capaz de crear avance, pero los accionistas y propietarios y la junta directiva de cualquier organización anhelan desesperadamente el movimiento de avance».

Aquellas empresas dispuestas a generar avance, según Seth Godin, necesitarán a su vez de empleados dispuestos a avanzar, que sean generadores de ideas:

«La ventaja competitiva que el mercado exige es alguien más humano, conectado y maduro. Alguien que emane pasión y energía, capaz de ver las cosas como son y de negociar múltiples prioridades al tiempo que toma decisiones sin angustiarse. Alguien flexible ante los cambios, resistente ante la confusión. Cuando el trabajo se vuelve personal, tus clientes y colegas se sienten más conectados y felices. Y eso crea todavía más valor».

La buena noticia –para empresarios, CEO, directivos...– es que los trabajadores que merece la pena conservar, porque van a formar parte y ayudar en este avance *(knowmads,* milénicos...) están hasta el gorro de ser monos y desean algo más aparte de los cacahuetes: les motivan los valores intrínsecos.

Aquí la prueba: el autor Richard Florida hizo una encuesta entre 20.000 profesionales creativos y les dio a elegir entre 38 factores que los motivaban para dar lo mejor en su trabajo. Pues bien, los diez primeros (por orden de preferencia) fueron:

1. Desafío y responsabilidad.

2. Flexibilidad.

3. Entorno estable de trabajo.

4. Dinero.

5. Desarrollo profesional.

6. Reconocimiento de los colegas.

7. Colegas y jefes estimulantes.

8. Contenido estimulante.

9. Cultura organizativa.

10. Ubicación y comunidad.

Sólo uno, el dinero, es motivador extrínseco; lo demás son cosas que valoramos por quiénes somos y cómo nos hacen sentir, y que se pueden implementar en cualquier empresa.

9. Busca tu ventaja competitiva

Normalmente se aplica el término ventaja competitiva a la empresa; esta posee una ventaja competitiva cuando tiene alguna característica diferencial respecto a los competidores, lo que le confiere la capacidad para alcanzar unos rendimientos superiores a ellos, de manera sostenible en el tiempo. La creación de una ventaja competitiva ha de venir siempre acompañada y motivada por algún tipo de cambio, con respecto a la situación presente de la estructura del sector en el que opera la empresa. Ahora bien, este cambio puede tener su origen en los cambios que se producen constantemente en el entorno empresarial, o bien puede ser impulsado desde la propia empresa. Para ser realmente efectiva, una ventaja competitiva debe ser:

- Difícil de imitar, o al menos que no pueden imitar otros sin un esfuerzo máximo.

- Sostenible en el tiempo.

- Netamente superior a la competencia.

- Aplicable a situaciones variadas.

- Íntimamente relacionada con el núcleo del negocio.

Tener una ventaja competitiva no significa ser siempre el mejor, sólo significa que debe existir algo que los consumidores consciente o inconscientemente identifican como mejor y que, por lo tanto, les motiva a preferir ese producto frente al de la competencia. Ese algo especial es la principal arma del producto contra sus competidores. Y ese algo especial es algo que todos llevamos dentro, y que debemos identificar para potenciarlo y hacer que nos elijan a nosotros. No se trata de ser el mejor en algo, sino en hacer algo mejor –o de un modo diferente– que los demás.

Yo identifico dos tipos de ventajas competitivas:

1. Las relacionadas con el conocimiento, con el intelecto.

2. Las relacionadas con la personalidad, con las emociones.

Dentro de las intelectuales podría ser, por ejemplo, aprender chino o finlandés para ser más competitivo en ese mercado o para que te contrate una empresa que quiere abrir vía de negocio allí. Es algo que cualquiera puede aprender, por supuesto. Pero si ya tienes algo especial, como puede ser la facilidad para el idioma o porque sientes una especial atracción/interés por el país, te va a resultar mucho más fácil aprenderlo y hacerlo tuyo que a alguien que se obliga a ello. Dentro de nuestra área de trabajo, de nuestra especialidad, de cómo opere el mercado en el mismo y la pinta que tenga en el futuro, cada uno debe localizar qué ventajas intelectuales puede añadirse a sí mismo. Teniendo, preferiblemente siempre en cuenta, ese algo especial que nos lo va a poner más fácil, para intentar no ir contra natura y no perder así un tiempo inmenso en la consecución del mismo.

En cuanto a las ventajas competitivas relacionadas con la personalidad, lo mismo. Es fijarse en qué habilidades blandas y de carácter, tenemos, para potenciarlas y que nos distingan. Si aplicamos ese algo especial en un entorno en el que no pega, el resultado puede ser especialmente interesante. Creo, sin embargo, que hay algo común que podemos aprovechar todos. Que siempre supondrá una ventaja competitiva individual, pero que sumada, funciona mejor. Hablo de trabajar desde la mentalidad de servicio. Pero de servicio auténtico, desde lo emocional.

La esencia que define lo que de verdad vale, lo que merece la pena, es hacer pensando en los demás. Creando una experiencia positiva en el de enfrente. Es la diferencia que hay, por ejemplo, entre dos empleados de distintas tiendas que –supongamos– cobran lo mismo, y cobran mal. Uno, enfadado por esta carencia económica, se venga haciendo todo con desgana y de malos modos; total, «no le pagan para ser simpático». El otro, sin embargo, sonríe siempre a los clientes, es amable y les pregunta de qué manera les puede ayudar. Está pendiente, se preocupa por saber tus necesidades, cómo ser útil; y es eficiente, por supuesto. A la primera tienda probablemente nunca volveremos y ese dependiente tiene pinta de que irá encadenando amarguras hasta acabar bastante mal. A la segunda tienda, en la que nos han hecho sentir bien, probablemente regresaremos, y al dependiente cualquier día uno de sus clientes bien atendidos le hará una oferta para trabajar en otro lugar. Si aplicamos la mentalidad de servicio a nuestro trabajo, pensando de qué modo eso que hacemos facilita la vida a otros, el beneficio siempre suele llegar de vuelta, a veces incluso multiplicado. La vida es así. Una: nunca sabemos a quién podemos tener enfrente. Dos: la vida da muchas vueltas. Y tres: las actitudes positivas generan actitudes positivas.

Cuando he trabajado en redacción, el número de correos electrónicos y de llamadas que recibía cada día eran una barbaridad. Y con demasiada frecuencia me llegaban informaciones que jamás –por el tipo de medio en el que estuviera– iba a publicar. Algunas bastantes curiosas... Pero, por rara o surrealista que fuera la petición que se me hiciera, o por exceso de correos que recibiera (y es verdad que me obligaban a invertir tiempo), siempre contesté a todos, de la mejor manera que pude. Cuando dejaba estas empresas, el *feedback* en los correos de despedida de los gabinetes de prensa o colaboradores siempre eran el mismo: «gracias por tu trato y amabilidad». Ahora, personas de esos mismos gabinetes cuentan conmigo para que colabore con ellos haciendo talleres o dando ponencias.

Me pongo como ejemplo (¡lo siento!) porque sé que, por muy buena que fuera en lo mío, si no hubiera tenido en cuenta cómo mi actitud podía impactar en los demás (trata a los demás como te gustaría que te trataran a ti) y jamás hubiera contestado o hubiera sido borde en las respuestas, ahora estas colaboraciones no se darían. Más humanidad igual a mejores resultados. Como dice un estudio de Adecco: el 40% de los trabajadores alcanza la satisfacción laboral cuando es capaz de disfrutar y divertirse en el trabajo. Por ello, tener en cuenta las emociones, propias y ajenas, es tan importante.

Una investigación elaborada por la empresa Sodexo reconoce la necesidad de considerar lo emocional en la experiencia laboral. La investigación, basada en las motivaciones del cliente, sugiere que las emociones son el ingrediente clave para impulsar a la gente a la acción. De hecho, los psicólogos conductistas han sostenido durante mucho tiempo que sólo el 30% de las decisiones y comportamientos humanos son tomados desde planteamientos racionales; el 70% restante del proceso de toma de decisiones se basa en factores emocionales. Las emociones pues desempeñan un papel importante en los resultados relacionados con el trabajo, ya que influyen en la motivación, la unidad y la acción. La nueva vida laboral transversal, de trabajo en red, hiperconectada, potenciará esto aún más.

10. Autoconciencia y autogestión, claves del *virtual work management*

Por primera vez (o casi) en la historia de la humanidad –relacionada con el trabajo– un invento nacido en la sociedad, como son las redes sociales, están cambiado las reglas del juego. Han obligado a las empresas a asumirlas (no sin dificultad), a aprender a utilizarlas y, lo que es más llamativo, a ceder el poder al usuario, al ciudadano, y con ello al trabajador. Si hasta ahora lo habitual era que todos los inventos empezaran a usarse en las empresas y luego llegaran a la ciudadanía (ordenadores, móviles…), ahora está sucediendo lo contrario. Si hasta ahora el canal era unidireccional, ahora es bidireccional. Es el usuario quien enseña y determina a la empresa qué espera de ellas. Este poder del usuario, que opina, moviliza y exige, se traslada a la empresa y al trabajador de la misma que –como usuario que es a la vez– espera mantener ese poder también en la organización. Entendiendo poder como elección, es quien decide cuándo y por qué se virtualiza y cuando se hace presencial. Algo que, ya sabemos, beneficia a todas las partes. El trabajador del conocimiento, el *knowmad,* no es un avatar, ni se esconde tras un holograma, ni mucho menos es una persona que huye del contacto físico. Pero sí es una persona que defiende, por una cuestión de operatividad tanto laboral como personal, su libertad para realizar el trabajo de manera virtual (que crece), combinándola con la presencial (que disminuye). Es responsable de sí mismo, se autogestiona.

¿Y qué es la autogestión? Nos lo explica Elena Sánchez Rodríguez, Managing Partner de Globalplace, consultoría de gestión especializada en modelos de teletrabajo y trabajo flexible:

Elena Sánchez analiza los modelos de teletrabajo y trabajo flexible

«La autogestión es un concepto que podría ser similar a que cada persona, aun dentro de una empresa, piense y actúe como empresario de su propio trabajo. Y esto incluye, además de que decida sobre cómo debe gestionar sus propios tiempos, "sus cosas", que piense también en cuál debe ser el entorno organizacional, en qué necesita para llevar a buen término su trabajo, qué cultura debe promover… Teniendo en cuenta que cada vez nos virtualizamos más pero que a la vez adquirimos mayor capacidad de colaboración».

No podemos pensar como autogestores sólo en nosotros mismos, sino en la red laboral que nos rodea.

«La empresa tiene que establecer un marco, eso está claro, pero luego dejar que todas las partes se involucren. Esto ayuda a la consecución de proyectos por objetivos, y a la mejora de la colaboración. Es un paso más allá del trabajo en equipo, pues aquí se opera con una mente empática. Todos, empresa y trabajadores, se preocupan de las necesidades de cada uno, piensan en qué pueden ofrecer y cómo compartir su conocimiento para lograr los objetivos definidos, pero con un componente extra».

Cuando todos tienen las mismas oportunidades de trabajar conjuntamente, algo que permite lo virtual:

«Se motiva a que todos contribuyan de la mejor manera, y a que todos trabajen mucho más "en la misma página", como dicen los anglosajones. Si estoy conectado, tengo visibilidad dentro del equipo y recibo información –la misma que los demás– e incluso ayuda extra (con contenidos que otros me facilitan "altruistamente") voy a construir más y mejor».

En las oficinas no virtuales lo normal es que se hagan reuniones físicas de unos pocos (los jefes o directivos) con el cliente, y que luego estos se lo transmitan, ya con las decisiones medio tomadas, a los demás. Algo que cambia en el trabajo virtual.

«Nosotros no estamos encontramos con muchas empresas virtualizadas que al convertir estas reuniones fiscas en virtuales y abrirlas a todas las personas del equipo, generando interacción con los empleados, de abajo arriba, obtienen muchas buenas ideas además de hacer sentir a todo el mundo implicado en el proyecto».

El conocimiento es estático y dinámico a la vez porque, por ejemplo, al compartirlo en las redes sociales, lo pueden ver otras personas de fuera que lo pueden enriquecer. Se innova sobre el trabajo habitual; se convierte en trabajo reutilizable.

El reto, para quienes se asoman por primera vez o de una manera redárquica al trabajo en línea es, además de la autogestión, que deben practicar la autoconciencia virtual. ¿Y qué se entiende por autoconciencia virtual?

«Pararme a pensar cómo me siento yo trabajando en virtual –cuenta esta experta–. Quizá cuando yo estoy en movilidad, o teletrabajando, y no estoy con mi equipo físicamente durante un período algo más largo de tiempo, puedo tener determinados sentimientos que conviene identificar. Sentirse solo, o interpretar mal las señales… Uno interpreta de manera más subjetiva los mensajes que si tiene a la otra persona enfrente y puede leer los mensajes de su cuerpo o preguntarle directamente. Hay una serie de sentimientos en virtualidad que es importante tratar, tener conciencia de que existen, porque pueden dar lugar a determinadas conductas sin darnos cuenta. Por ejemplo, la sensación de soledad puede hacer que uno se levante en exceso, pique todo el rato en la nevera… O que empiece a llamar a la gente de manera poco productiva. Aunque por otro lado llamar a los compañeros, al equipo, tan sólo para tener contacto también está bien, porque significa que estás gestionando tu relación como persona. Pero hay que identificar cuándo nos estamos pasando hacia un lado u otro. Está bien saber que uno se puede sentir algo solo, no pasa nada; una vez identificada esta sensación (u otras) se trabaja la manera de minimizarla. La sensación de sobrecarga también es muy común, y muchas personas optan por desaparecer en vez de usar la tecnología –que tiene muchas herramientas– para avisar con una lucecita roja "ahora por favor no me molestéis con llamadas o mails porque necesito concentrarme". Hay otras personas que se sienten invisibles en un trabajo virtual en equipo, y no saben cómo hacerse más visibles, aportar. Lo importante es que los sentimientos no se conviertan en tendencia de actuación. Esto es la autoconciencia».

Otro detalle importante que puede facilitarnos este tipo de trabajo virtual es conocer la diferencia que hay entre los canales, y cómo nos comportamos ante ellos. Hablamos de lo síncrono y lo asíncrono.

«Lo asíncrono son todas aquellas tecnologías que nos ayudan a comunicarnos pero que el otro recibe cuando puede, que no es instantáneo. Por ejemplo un correo. Yo lo mando pero el receptor lo verá cuando pueda o quiera. Los canales asíncronos pueden ser también foros, los chats... Por ejemplo, con canales tipo wathsapp, que antes se utilizaban de manera asíncrona los usamos ahora de manera síncrona, pues esperamos una reacción inmediata en el de enfrente. Y otros canales síncronos les damos uso asíncrono porque tenemos exceso de información. Lo asíncrono me permite es organizarme mejor, y con mucha más gente: me da el tiempo para pensar, por ejemplo. Lo síncrono es más del tú a tú: una simple llamada telefónica, la telepresencia o videoconferencia... Estos canales manejan más riqueza de contenido, pues esta se encuentra sobre todo en la comunicación no verbal. Y también me permite trabajar un *feedback* más inmediato, que es muy importante, para poder gestionar mejor las sensaciones, las emociones».

Por eso los encuentros físicos siguen siendo necesarios, porque es donde encontramos toda la riqueza humana, donde se pueden leer mejor las señales, donde mejor se puede recibir y dar retroalimentación *(feedback)*. De lo que se trata es de minimizar dichos encuentros, la presencialidad, en función de lo que es más productivo.

11. Ser buena gente tiene recompensa: el éxito laboral es para quienes dan (y no sólo reciben)

Me resulta imposible hablar de trabajo, de cambio de mentalidad y de futuro, sin que se cuele la expresión «ser buena persona». Es la esencia, la base, para que todo lo demás ruede como debe, más aún cuando de trabajo colaborativo y en red se trata. Para quienes también creen en la bondad como motor de regeneración y cambio, traigo buenas noticias. Contrariamente a lo que la mayoría siempre ha considerado, en el entorno laboral y de los negocios no son ni los tiburones, ni los más avispados, ni los que mejor se venden, ni los que siempre velan por sus propios intereses, ni los que usan/manipulan a los demás en su propio beneficio, los que alcanzan el éxito profesional, aunque en una primera mirada –o primera etapa– pudiera parecerlo. Cierto es que ese primer vistazo nos lleva a pensar que este prototipo de persona siempre gana más y llega más alto. Pero no. Son precisamente los tildados de cándidos o buenazos, porque suelen anteponer las necesidades de los demás (o del producto/servicio) a sus intereses personales, los que se sienten más a gusto dando que recibiendo, y a quienes con frecuencia se les ningunea o no promociona/respeta aun necesitándoles porque «como no piden, para qué darles...», los que llegan finalmente a lo más alto de la cúspide del éxito profesional (nota: siempre dando por hecho que buenazos o avispados parten de la misma capacidad intelectual y profesional). Un tema curioso, sorprendente y alentador, para quienes creemos que un sitio lleno de buena gente es el que dará siempre los mejores resultados. Esto mismo defiende el escritor estadounidense Adam Grant en su libro *Dar y recibir. Por qué ayudar a los demás conduce al éxito.*

11.1. Los cuatro ingredientes del éxito

Para Adam, hay tres cosas en común que tiene toda persona de éxito: motivación, capacidad y oportunidad; es decir, si quieres triunfar en lo que sea necesitas una combinación de trabajo duro, talento y suerte. Pero él añade un cuarto factor, que a menudo se pasa por alto:

> «El éxito depende en gran parte de cómo abordamos nuestras interacciones con los demás. En el trabajo, cada vez que interactuamos con otra persona, nos vemos obligados a elegir entre intentar conseguir el mayor valor posible, o contribuir con nuestro valor sin preocuparnos por lo que recibamos a cambio».

Psicólogo de organizaciones, Grant lleva más de diez años estudiando estas elecciones (recibo o doy, básicamente) en empresas que van desde Google a instituciones militares, y ha llegado a esta conclusión: la gente presenta dramáticas diferencias en sus preferencias de reciprocidad, es decir, «en su combinación deseada entre dar y recibir». Habría tres tipos de personas en el trabajo:

1. Receptores: les gusta obtener más de lo que reciben. Ponen sus intereses por delante de las necesidades de los demás. Creen que el mundo es un lugar competitivo donde los unos devoran a los otros, y que para alcanzar el éxito tienen que ser mejores que los demás. Para demostrar su valía se promocionan a sí mismos y procuran que sus esfuerzos reciban los elogios que se merecen. No son crueles ni despiadados (aunque de haberlos, entran en esta categoría), sino cautos y con un gran instinto de autoprotección.

2. Donantes: son una raza relativamente excepcional. Prefieren dar antes que recibir; están centrados en los demás y prestan atención a lo que otros necesitan de ellos. Estas preferencias no tienen nada que ver con el dinero: los receptores y donantes no se distinguen entre sí por lo que puedan donar a obras benéficas o el sueldo que paguen a sus empleados. Se diferencian por su actitud y sus acciones para con los demás. El receptor ayudará a los demás estratégicamente cuando los beneficios que él obtenga superen los costes personales. El donante ayudará siempre que el beneficio para los demás no exceda sus costes personales. O que ayude sin esperar nada a cambio. El donante se esforzará por ser generoso y donar su tiempo, energía, conocimientos, habilidades e ideas con quien pueda beneficiarse de ello.

   Nota: Esta actitud es la que normalmente se usa en las relaciones de pareja o personales (como padres, amigos...), pero es menos común en el entorno laboral.

3. Equilibradores: quienes se esfuerzan por preservar el balance entre dar y recibir. Operan basándose en el principio de la justicia: cuando ayudan a los demás se protegen a sí mismos porque buscan reciprocidad. Cree en el dicho «donde las dan las toman» y sus relaciones están basadas en un intercambio igualitario de favores. Lo normal es que actuemos con cada uno de estos tres roles en distintos momentos de nuestra vida profesional, si bien –según Grant– desarrollamos uno con mayor fuerza.

11.2. *And the winner is...*

Ya expuestos estos perfiles, el autor nos pregunta: ¿quién crees que presenta más posibilidades de acabar en el peldaño inferior de la escalera del éxito? Si respondes que el donante... ¡Bingo! Varias investigaciones demuestran que los donantes, al beneficiar a los demás sacrifican su propio éxito y que ganan un 14% menos dinero. Pero si los donantes ocupan el peldaño inferior de la escalera del éxito, ¿quién está en la cima? ¡Pues también los donantes! Son quienes están más abajo y también quienes están más arriba. Y en el medio, tierra de nadie, los receptores y equilibradores. En palabras de Adam Grant, «los donantes son quienes presentan más posibilidades de ser los campeones, no sólo de ser los más bobalicones». ¿Cómo es esto posible? Porque cuando un receptor gana, siempre hay alguien que pierde, pero cuando gana un donante (obtiene un puesto, se le contrata, asciende...) ganan todos (efecto dominó). Y es que, como reza el subtítulo del libro, ayudar a los demás conduce al éxito. La mentalidad nómada rompe el concepto de «lo mío es mío» por el compartir desde la generosidad. Si yo aprendo algo nuevo, lo comparto. Si encuentro algo de interés, lo digo. Si alguien me pide consejo, ayudo. Si tengo una nueva idea, no me la guardo, la cuento en voz en alta. A cambio, surgirán personas a mi alrededor dispuestas a ayudarme a mejorar mi idea e incluso a hacerlas realidad. Bienvenidos a la era del *crowfunding.* Y de la cocreación, el *crowdsourcing,* el *coworking...*

> «Yo creo que todavía no es demasiado tarde para construir una utopía que nos permita compartir la Tierra».
>
> Gabriel García Márquez

Merece un capítulo aparte: el desarrollo de tu marca personal

Impartir un taller o clase magistral sobre marca personal digital es una de las cosas que más me gustan en el mundo, por el impacto tan positivo que tiene en las personas. Además, va invariablemente unido al perfil *knowmad* en cuanto que este necesita construir su identidad laboral y darle visibilidad *online;* por todo ello merece tener sus propias páginas en el libro. Decía en mi introducción que el descubrimiento de la mentalidad *knowmad* más la construcción de mi marca personal *(in progress)* me habían cambiado la vida. Recuerdo como si fuera ayer una conversación que tuve hace años con quien fue «mi padre y mentor», como me gusta llamarle, en este tema: Andrés Pérez Ortega. Uno de los pioneros y mejores expertos que hay en España sobre marca personal o *personal branding.*

Había quedado con él en el centro de Madrid para desvirtualizarnos y charlar sobre su aparición en mi anterior libro, *Y este crack ¿te suena?* A mitad del café, Andrés me dijo –medio en broma medio indignado–: «pero ¡¿cómo es posible que aún no tengas un blog?!». Mi lacónica respuesta: «no tengo tiempo; si no me da ya la vida con las redes sociales…». Durante el trayecto de vuelta a casa el Pepito Grillo de «todo lo que te estás perdiendo» ya estaba instalado en mi cabeza (y eso que aún no era consciente del *pow* ni de lo que se nos venía encima), así que en cuanto llegué lo primero que hice fue encender el ordenador y registrar un dominio con mi nombre para abrir algún día una página web; a partir de ahí, de ese gesto tan tonto, empezó de modo imparable la construcción coherente de mi marca personal, que tantas alegrías me ha dado.

Sólo tardé un par de días más en fichar la plataforma con quien haría la web, me registré y me puse a jugar con el diseño… Para cuando me quise dar cuenta ya la tenía en el aire, así que no me quedó más remedio que seguir, y seguir, y seguir escribiendo, actualizándola, mejorándola… Actividades que ojalá no tenga que dejar nunca, porque no me suponen un trabajo (en el sentido peyorativo, horas sí que invierto), sino un placer. Mi web es mi centro de operaciones. El recipiente *online* que mejor funciona para dar coherencia a una marca personal, porque es el que mejor recoge y centraliza todo lo demás. Digo coherente, porque hasta entonces era usuaria activa de distintas redes pero no estaban integradas en un todo, tampoco las operaba desde un foco claro.

Mi web personal es el lugar donde muestro (profesionalmente) quién soy y lo que hago, así como el canal a través del cual expreso en forma de artículos o entradas las cosas que me interesan, y con las que creo puedo aportar algo de utilidad. En ella recibo retroalimentación, comentarios, correos electrónicos… Tiene los colores que me gustan, una cabecera que me identifica, cuelgo las fotos o vídeos que quiero y hablo de temas que me mueven.

En ella me siento como en casa aunque en verdad opere más como oficina en línea; como si fuera una tarjeta de visita virtual inteligente e interactiva, que centraliza toda la información que sobre mí alguien puede necesitar, donde están todas las redes sociales que uso, la forma de contacto… Las páginas web son prácticas para uno mismo, pero ¡también lo son para los demás! Perdón por el *storytelling* que me acabo de marcar, pero me interesa dejar claro desde el principio lo importante que es para una buena estrategia de marca personal el tener un *hub* porque –que me lo conozco…– es la parte que a la mayoría de la gente más pereza o miedo le da (y como lo llame blog en vez de web, ¡cunde el pánico!). Quizá con mi historia he conseguido animar a alguien a que hoy, esta tarde, ahora mismo, pille un dominio con su nombre y apellidos… y empiece a concatenar.

1. Nuestra presencia en red es inevitable: acabemos con las excusas

Al igual que me pasó a mi ese día en el café, todavía hay demasiada gente con reticencias o que se pone excusas a la hora de abordar su marca personal. En general, quienes sienten rechazo por este tema en verdad intuyen los beneficios que obtendrían, pero o bien no les apetece porque supone extralimitar por mucho la zona de confort –y también, no lo pienso negar, un curro extra– o prefieren mirar hacia otro lado por aquello de «si no lo veo, no está pasando…».

Las excusas más comunes –no te preocupes si te escuchas en alguna, yo ya he reconocido mi pecado– son: esto es para unos pocos raritos o *freaks* del *online;* sólo sirve para alimentar los egos; una moda pasajera que utilizan unos cuantos para sacar los cuartos; una esclavitud más, con lo que ya tengo encima; no sirve para nada; con todo el ruido que ya hay en Internet, quién te va a encontrar; si a mí siempre me ha ido bien así y no tengo redes ni *ná:* los que me conocen ya saben lo que valgo; no necesito venderme por ahí, mi trabajo ya habla por mí; esta historia está bien para los que trabajan en comunicación, marketing… pero no vale para todas las profesiones; no todo el mundo tiene que estar en Internet; total, está lleno de *blufs* porque te puedes inventar lo que te dé la gana; a ver si encima van a hablar mal de mí; si ya tengo perfil en LinkedIn, que es la red profesional, con eso basta; ni mi jefe ni mi empresa lo van a entender, para qué voy a meterme en líos…

Y, las reticencias comunes cuando de implementar la marca personal se trata van por: no tengo tiempo, lleva demasiado tiempo, no tengo nada de interés que comunicar, quién me va a leer, a quién le importa lo que yo cuente, esto me pilla ya muy mayor, las redes sociales vale, pero ¿un blog?

Por si hay algún descreído o reticente en la sala, en los cursos suelo comentar que hay un reciente informe elaborado por PwC *(Informe*

Futuro laboral de España 2033) en el que, entre las recomendaciones que da a los ciudadanos para mejorar su empleabilidad, está precisamente tener una buena marca personal. Si lo dice una empresa de auditoría y consultoría de prestigio, el mensaje cala más hondo. Así que me es útil para reforzar la importancia que tiene la marca personal y eliminar dudas y controversia de un plumazo. Mejor dicho, de un informazo.

Obviamente ni PwC, y aún menos yo, tenemos la verdad absoluta ni la solución a todas las complejidades laborales que se avecinan. Ni digamos ya a los problemas laborales particulares. Cada persona es por suerte libre de pensar y por tanto hacer o dejar de hacer lo que considere mejor. Pero quisiera transmitir aquello que creo puede ser de utilidad desde mi experiencia, basándome también en la de tantas otras personas, y respaldada por las investigaciones de grandes profesionales.

Como el estudio *New Norms @ Work* [Nuevas normas en el trabajo] elaborado por LinkedIn, en el que han participado 15.000 profesionales de 19 países. En él se explica que ya no funciona más lo del tarjetero ni el apretón de manos y que para tener éxito profesional hay que construir una marca profesional sólida.

Si no es posible convencer inmediatamente, me gustaría al menos provocar una reflexión interna, sembrar la semillita de la duda, como en su día Andrés la sembró en mí. Porque pensar sobre esto no cuesta nada (bueno sí, cambiar esos 60.000 pensamientos que tenemos al día ¡y que son en el 90% exactamente iguales a los del día anterior!). Como diría Oprah Winfrey: «hacer lo mejor posible en este momento nos deja en la mejor posición para el siguiente momento». Grande Oprah. Desde esta mentalidad, transcribo tal cual lo que recomienda PwC en su informe:

> «Principales medidas e iniciativas que recomendamos a los estudiantes y a la población activa en general al objeto de conseguir un puesto de trabajo de calidad.
>
> 1. Preocuparse por su empleabilidad para encontrar o mejorar su puesto de trabajo.

Cultivar la empleabilidad en cada etapa de la vida profesional. Para mejorar su empleabilidad, los estudiantes necesitan orientar su formación hacia profesiones con salida profesional y completar su preparación técnica con habilidades, idiomas y formación práctica. Aquellos que buscan empleo y desean mejorar su empleabilidad deben reorientar su carrera con cursos de reciclaje hacia profesiones de mayor salida, si fuera el caso, o recibir formación en aquellos aspectos que demandan las empresas, como habilidades, idiomas o conocimientos específicos según el sector de actividad.

2. Crear una marca personal que permita al profesional diferenciarse.

El mercado laboral está cambiando. Con la irrupción de la era digital, nos enfrentamos a una competencia cada vez más global por un puesto de trabajo, pero también la línea entre vida personal y profesional se difumina. Nuestra presencia en la red es inevitable, por lo que debemos empezar a trabajar activamente en lo que queremos comunicar de nosotros mismos. Identificar lo que nos hace diferentes y hacemos bien. Definir nuestros objetivos y la estrategia para comunicar nuestra marca personal.

3. Generar *networking* a través de la presencia activa en redes sociales y foros, y la asistencia a eventos acordes a las necesidades e inquietudes del profesional. Disponer de una red de contactos que te permita encontrar proyectos y trabajos con mayor facilidad, conseguir oportunidades de negocio, aprender de otros profesionales o contrastar ideas y opiniones. Actuar para que estos contactos se conviertan en relaciones duraderas de interés mutuo».

Me quedo con esto: nuestra presencia en la red es inevitable. Por lo tanto, veamos de qué manera podemos sacarle jugo a las nuevas tecnologías en nuestro propio beneficio, ya que la vida ha querido que nos toque vivir y trabajar en esta era.

2. ¿Qué es la marca personal digital?

El concepto marca personal *(personal branding)* tiene ya sus años. Nació en 1997 en Estados Unidos, con un artículo que el escritor estadounidense y especialista en prácticas de gestión empresarial, Tom Peters, tituló *The Brand Called You*. En él decía: «las grandes compañías entienden la importancia de las marcas. Hoy, en la era de las personas, tú debes ser tu propia marca».

Las claves del artículo se pueden resumir en:

- Toda persona debe verse a sí misma como una marca en constante competencia con otras marcas, en lo que denomina una «economía de agentes libres».

- Cada uno tiene la oportunidad de sobresalir en aquello en lo que le gusta profesionalmente desarrollando sus habilidades personales.

- Debemos buscar lo que nos hace diferentes y hacemos bien, potenciándolo para ganar presencia y relevancia tanto si trabajamos por cuenta propia o ajena.

- Para conseguirlo, hay que actuar: como voluntarios o buscando segundos trabajos para desarrollarnos y crecer en dicho mercado de agentes de libres.

- Lo importante es saber resolver mejor que el resto las necesidades de nuestros clientes, de la empresa si somos asalariados o de nuestros propios clientes si somos autónomos.

- Buscar siempre el ganar-ganar y ser fieles a nosotros mismos.

- Proyectos: entender cada trabajo, cada tarea como un proyecto, un reto gratificante mientras lo estamos realizando y una vez finalizado, un valor añadido para nuestra marca.

- Con el tiempo, irá creciendo el poder de influir en otras personas y llegarán proyectos de mayor envergadura.

Básicamente la esencia de su planteamiento se mantiene, si bien por supuesto le falta toda la parte digital, que es el gran detonante hoy día de una marca personal. Y todo lo que ya sabemos sobre el *presfut of work,* que multiplica la necesidad de activar cuanto antes nuestra marca personal. El sitio donde gestarla, concebirla y trabajarla es Internet (web + redes sociales), sin olvidar que todo lo que hacemos *online* debe estar en total concordancia con nuestra realidad 1.0.

Por cierto, si nuestra marca personal *offline* (no digital) deja que desear, centrémonos primero en mejorarla y demos luego el salto a lo *online*. Aparte de la experiencia, conocimientos y demás habilidades duras que poseamos, para funcionar adecuadamente en lo virtual es imprescindible mejorar aspectos blandos como puede ser, por ejemplo, el de la generosidad. Compartir y ayudar son dos palabras inherentes a red y a social.

En este cambiante y competitivo mercado laboral no vale ya con tener un buen currículo, ni amigos en las altas esferas ni en las bajas... Recordemos lo de la meritocracia (que aunque tarde un pelín en llegar no está de más empecemos a activar entre todos). Hoy en día hay que saber vender lo que se hace (tu producto o servicio) y proyectar de la mejor manera posible qué somos, cómo somos y en qué podemos destacar, cuál es nuestro valor añadido o ventaja competitiva. Una ventaja que muchas veces se descubre durante el proceso de construcción de la marca personal, y no antes, precisamente porque es al hacerla y trabajarla cuando más tiempo nos dedicamos a nosotros mismos.

La construcción de una marca personal coherente pasa por fijarse un objetivo (qué quiero conseguir con ello ahora; puede variar con el tiempo), tener un espacio profesional propio (tu página web) en el que mostrar quién eres, qué habilidades tienes, cuáles son tus intereses, qué trayectoria profesional te avala, qué proyectos has llevado a cabo y cuáles estás realizando actualmente, qué tipo de contenido te gusta generar y compartes (que puede coincidir o no con tu trabajo oficial y cuya mejor vía de expresión es el blog)… Este espacio *online* que lleva tu nombre y apellidos centraliza tus canales, redes sociales como Twitter, LinkedIn, Pinterest, Facebook, etc. y tus datos de contacto, facilitando así que otras personas te encuentren y que a la vez sepan desde un único lugar todo aquello que tú consideres de utilidad para tu desarrollo profesional. Esos mismos canales, las redes sociales, sirven para terminar de construir la marca y sobre todo para llevarla lo más lejos y a la mayor cantidad de personas posible.

Aunque es un concepto que se extiende –por su utilidad y necesidad– por todos los países del mundo, siendo muy común en Estados Unidos y cobrando fuerza en Latinoamérica, en España somos especialmente sensibles a la imagen que desprendemos, por lo que conviene tener esto en cuenta. Según datos de LinkedIn el 35% de los empleados españoles considera que, en la actualidad, es apropiado utilizar las plataformas sociales para darse a conocer como profesionales y un 20,6% no contrataría a un candidato que no tuviese un perfil en LinkedIn.

Además, un 40,7% de los trabajadores prefiere mantener sus perfiles personales y profesionales separados. El aspecto más valorado por los españoles es la experiencia laboral en un 58% (cifra muy similar a las registradas en Francia (48%) e Italia (44%), un 23% también reconoce hacerse una primera impresión de las personas por su imagen de perfil en las redes sociales (frente al 14% de italianos y al 11% de franceses). Como es normal, son los trabajadores más jóvenes (18 y 35 años) los que dan más importancia a la imagen de perfil en las redes sociales.

3. Marca personal en cuatro impactos

- Construir una MP (para abreviar) es el proceso de identificar y comunicar las características que nos hacen sobresalir, ser relevantes, diferentes y visibles en un entorno homogéneo, competitivo, cambiante y de comunicar ese beneficio de manera clara, concisa y efectiva.

- Piensa en ti mismo como en una empresa con su propia marca comercial, que debe ser trabajada *(on* y *off),* difundida (redes sociales) y protegida (cuidar la reputación).

- MP es una huella o recuerdo que dejamos en otras personas. Y lo que recordamos es siempre lo emocional por encima de lo racional. Sólo te cuelas en la mente de alguien si haces algo por ella.

- Una MP se construye sobre un buen producto. Detrás de una buena marca hay algo que merece la pena comprar. Sólo tiene sentido obtener visibilidad en Internet si puedes ofrecer un producto/servicio que sea interesante y aporte valor (y si lo haces en el 1.0, puedes en 2.0). El resultado nace del trabajo constante y de la autenticidad. No importa tanto la notoriedad ni tener alto número de seguidores, sino dejar una huella, un impacto positivo en quienes forman parte de tu comunidad, y quienes dan contigo.

Como explica Andrés Pérez Ortega:

> «La marca personal nos ayuda a descubrir y comunicar aquello que nos hace útiles y valiosos para otros. Aumenta nuestro valor e influencia y con ello conseguimos mayor control sobre nuestra vida y carrera profesional. Con ella se aumenta la influencia, el valor, la reputación, la independencia y el control. El objetivo de la marca personal no es venderte tú, sino aprender a vender lo que haces: conseguir ser la persona de referencia en tu entorno y dejar huella en la mente de quienes te rodean.
>
> Para ello hay que seguir cuatro pasos:
>
> 1. Tener objetivos profesionales claros.
>
> 2. Decidir en qué entorno nos posicionamos y crear la estrategia.
>
> 3. Poseer elemento diferencial (dar más que los demás). Aportar.
>
> 4. Ser auténtico, honesto, generar empatía.
>
> En resumen: ser útiles, tener algo que ofrecer, ser fiables y, sobre todo, visibles.
>
> Una marca personal primero se descubre, luego se desarrolla y comunica para dejarla en otros. La marca personal no se tiene porque pertenece a aquellos en los que has impactado».

Andrés Pérez Ortega nos habla sobre marca personal

Veamos más en detalle por qué es tan útil construirse una MP, que es mi objetivo. No trataré cómo construir una buena web ni trucos para sacar partido a las redes sociales, ni cuáles son las mejores herramientas; hay muchísima información en Internet al respecto y estupendos libros que puedo recomendarte si quieres. Este capítulo, integrado en la misión del libro, trata de adquirir la mentalidad adecuada para el cambio, y con ella la aceptación de la marca personal como parte imprescindible en la creación de nuestra identidad digital, y por tanto en la consecución de un perfil *knowmad*.

4. ¿Por qué es importante y qué beneficios tiene?

Es importante porque…

- Vivimos en una sociedad líquida, donde todo es inestable y los trabajos no duran para siempre. No se puede dejar el futuro de una carrera en manos de una organización. Las empresas tampoco esperan que lo esperes. Es más, valorarán justo lo contrario.

- En un mundo globalizado e hiperconectado diferenciarse no es una opción, es una necesidad.

- La huella que dejamos en los demás, nuestra reputación, es demasiado importante como para dejarla al azar o en manos de los demás. Tu marca personal profesional es la diferencia entre dejarse arrastrar por las circunstancias y los deseos de otros, o tomar el control de tu futuro laboral para llevarlo al lugar que deseas.

- Porque no tener marcar personal digital (web, redes sociales…) también dice mucho de ti: por ejemplo, que no estás actualizado ni preparado tecnológicamente para las nuevas necesidades laborales.

- Cada persona debe tomar el control de su proyección profesional y responsabilizarse tanto de sus éxitos como de sus intentos.

- El 80% de los empleos no se anuncian, se comunican boca a boca y es en las redes sociales el mejor sitio donde enterarse, porque son estupendas para el *networking*.

- Porque los portales de búsqueda de empleo ya apenas funcionan (no confundir con LinkedIn, que es una red social profesional) y mandar el currículo de manera estándar… tampoco.

- Porque el ecosistema digital es un escaparate al mundo, lleno de altavoces con los que hacer llegar más lejos tu mensaje.

- Porque nuestros perfiles no descansan, están activos en la red 24 horas al día, por lo que pueden encontrarse en cualquier momento y desde cualquier parte del mundo. Ganas en visibilidad internacional, pudiendo captar clientes, socios o la atención de un empleador más allá de las fronteras nacionales.

Algunos de sus beneficios son…

- La marca personal te permite tener el control de lo que emites de ti mismo. Todos, aunque no seamos conscientes de ello, tenemos una marca personal que está proyectando un mensaje al mundo de quienes somos, qué hacemos y cómo lo hacemos. Incluso cuando no estamos, mandamos un claro mensaje.

- Facilita romper el concepto tradicional de tener que adaptarte a las oportunidades que se te presentan (empleo/proyecto), y da las pautas necesarias para saber si esas oportunidades son realmente compatibles con nosotros.

- En lugar de ir llamando puertas o buscar tú qué huecos laborales hay en el mercado, puedes conseguir que sean otros los que te encuentren a ti.

- Puedes generar necesidades a un potencial cliente (e incluso empleador) que no se le habrían ocurrido antes de descubrir tu perfil y tu trabajo.

- Te diferencia del resto de los profesionales que podrían hacerte competencia.

- Te facilita encontrar socios/colaboradores para nuevos proyectos.

- Te permite conseguir nuevos clientes para tu negocio.

- Tu *networking* es de calidad y muy efectivo.

- Te permite ser conocido por tus targets (quien quieres que te conozca).

- Te posiciona como experto en tu área, y convertirte así en referente de tu sector.

- Es tu propio canal de expresión, y el único jefe que tienes eres tú mismo.

- Una vez adquirido un estatus diferenciador puedes generar oportunidades nuevas relacionadas con tu profesión:

    - Poder asistir a eventos como conferenciante.

    - Posibilidad de escribir y publicar un libro.

    - Prestar servicios alternativos como consultor.

    - Contratos de publicidad y/o patrocinadores…

Cuando comentaba cómo la MP me había cambiado la vida a mejor, es porque ya se me han hecho realidad muchos de estos puntos. Aunque una de las mejores cosas que me regala tener una marca personal es poder conocer a un montón de gente interesante, con la que alucino, que me aporta, con quien cocreo, con quien comparto… Si no tuviera una vida profesional digital activa, jamás habría llegado a ellos o ellos a mí, nunca los habría conocido, y un montón de cosas jamás habrían pasado.

5. 17 planteamientos útiles

Voy a intentar desmontar, o explicar, una por una esas excusas que tratábamos antes, para terminar de rematar la importancia que tiene la MP y entrar así después en otros aspectos. Voy a hablar de tú a tú, con un tono más directo, por lo que si alguien se reconoce en alguna de estas excusas puede que la respuesta le resulte molesta. No es mi intención fastidiarte (bueno sí, un poquito, si eso te anima a movilizarte). Tan sólo te pido un favor: si te pincho en alguna de las respuestas, neutraliza ese primer impulso de volver a justificarte y date un par de días para pensar sobre ello. Si después de 48 horas no te convences, ya encontraremos la vía para debatirlo (eso sí, sólo en Internet ☺).

1. Esto es para unos pocos raritos o *freaks* del en línea: todos –al menos los interesados en no formar parte de ese 30% de trabajadores que según la OIT no van a encontrar trabajo– vamos a tener que ser unos *freaks* del *online*. Ser un analfabeto digital no parece la mejor opción... Tener activados varios perfiles en las redes sociales, saber manejarse con soltura en Internet, no será una rareza sino algo de lo más normal. El mayor o menor grado de profundidad en que uno se meta depende de muchos factores, pero a mayor uso mayor destreza.

2. Sólo sirve para alimentar los egos: no, si no eres una persona egocéntrica; en el 2.0 rápidamente uno entiende que para recibir antes tiene que dar, y, además, es mucho más agradable acercarse desde la perspectiva de la generosidad. Es más, la mayoría de las personas que tienen blogs son cualquier cosa excepto egocéntricos, pues están siempre trabajando, creando *posts,* compartiendo contenidos de utilidad para los demás. Ojo, no confundir bloguero experto con *egobloger,* que es ese perfil –generalmente asociado a la moda– de personas que se pasan el día haciéndose fotos a sí mismas o de los productos que tienen o llevan. ¡Nada que ver con lo que estamos hablando! Lo grande o pequeña pongas tu foto y cómo te presentes al mundo va a depender de ti, pero esa foto es necesaria así como que tengas tu perfil. No debemos confundir humildad con invisibilidad. Siempre habrá personas egocéntricas, fantasmas, prepotentes… Y es cierto que esas debilidades (porque eso es lo que esconden detrás) en la red se multiplican. Pero precisamente por eso es tan fácil cazar a los grandilocuentes de sí mismos. Al igual que no nos gustan en la vida real, tampoco nos gustan en la virtual.

3. Es una moda pasajera que utilizan unos cuantos para sacar los cuartos: ¿moda? ¿Pasajera? ¿Timo? ¡Releer los capítulos anteriores!

4. Una esclavitud más, con lo que ya tengo encima: será una esclavitud, si esa es la mentalidad con la que decidimos abordarlo. Si lo miramos desde la óptica de que digitalizarse puede ofrecernos un futuro mejor, o sencillamente un futuro, no hay pereza que pueda detenernos. ¿Va a llevarnos muchas horas? Sí. Bastantes, y durante todo el tiempo que nos quede de vida profesional. ¿Voy a ver resultados inmediatos? No. O sería muy raro. Construir una MP lleva trabajo, constancia y cariño (¡se trata de ti, estás vendiendo tu producto! Tratarse bien es lo mínimo). Pero cuando los resultados llegan –y siempre llegan– los beneficios suelen aparecer en cascada. Organizarse para rascar tiempo al tiempo, es fundamental. Y disfrutar del camino, del aprender, del construir, del hacer, también. Es improbable que podamos intervenir para parar o modificar esas megatendencias que llegan, pero lo que sí está en nuestra mano es tomar medidas para con nosotros mismos; nuestra es la responsabilidad para no dejar que nos arrasen. Pidamos ayuda, si hace falta; esto no va de estar solos, ¡al contrario! Pero mirar para otro lado no va a parar el *pow*.

5. No sirve para nada: releer «¿Por qué es importante y qué beneficios tiene?».

6. Con todo el ruido que ya hay en Internet, quién me va a encontrar: justo esa persona que ahora mismo ni sabes que existe. Para controlar el ruido hay muchas herramientas (que ayudan a «curar» la información, a filtrar), igual que las hay para posicionarse bien y ser encontrados (unos optan por el especialista en posicionamiento en buscadores, yo prefiero hablar de contenido de calidad). Si se hacen bien los deberes en la construcción de la MP, quien te deba encontrar, te encuentra. Y quien ni siquiera sabía que te podía necesitar, te encuentra también.

7. Si a mí siempre me ha ido bien así y no tengo redes ni ná: los que me conocen ya saben lo que valgo: tú lo has dicho: los que te conocen. ¿Recuerdas por cuánto se multiplicaban nuestros contactos en las redes sociales? ¿Estás seguro de que tu empresa –de estar en una– nunca va a prescindir de ti? ¿O que tú nunca vas a desear salir? ¿Seguro? Y en caso de que sucediera, y salieras,

¿estás convencido de que quienes te conocen te van a poder colocar en otro lugar? Y en caso de que te recomendaran, ¿crees que la nueva empresa no va a googlear tu nombre, para saber más de ti? ¿Piensas que preferirá a una persona que no se maneja en las redes sociales, y que por tanto a priori parece no mostrar interés ni capacitación hacia lo digital, frente a otra que sí? Y ¿de verdad quieres dejar la responsabilidad de tu futuro en quienes te conocen, en vez de tomar el control tú mismo? Y así podría estar todo el día.

8. No necesito venderme por ahí, mi trabajo ya habla por mí. No, tu trabajo lo único que dice es: «soy un buen profesional», lo cual es absolutamente vital para todos y cada uno de nosotros, porque si no partimos de esa base ¡apaga y vámonos! Pero el trabajo, por muy bien que lo hagamos, no sale por la noche mientras dormimos para ir comunicándolo por ahí. El boca a boca, si es a eso a lo que te refieres, es un acto de comunicación, de humano a humano. Humano recomienda el trabajo de otro humano. Pero entonces… volvemos a todas esas mismas cuestiones que vimos en el punto anterior. Tienes razón en una cosa: no necesitas venderte, lo que hay que vender es lo que haces: tu producto o servicio. Ser buenos en aquello que hacemos se da por hecho, porque si no, la marca que construyamos será una mentira o un *bluf.* Cuando el trabajo es bueno, de calidad, pronto la comunidad que generemos *online* –al igual que ocurre con la *offline*– operará como un altavoz, con el boca a boca. La diferencia está en que su mensaje llegará al amigo, del amigo, del amigo… llegando incluso al que está a miles de kilómetros, y en tiempo récord.

9. Esta historia está bien para los que trabajan en comunicación, marketing… pero no vale para todas las profesiones; no todo el mundo tiene que estar en Internet: antes de pensar en quién tiene sentido y quién no que esté en Internet, debiéramos preocuparnos porque todo el mundo tuviera la posibilidad de usarlo. Por eso aplaudo iniciativas como el Project Loon de Google o Internet.com (la sustentan empresas como Facebook, Ericsson, Mediatek, Opera Software, Samsung, Nokia…); ambos buscan soluciones tecnológicas eficientes para llevar Internet a todas

partes del mundo, de manera sostenible; que Internet sea un derecho para todos. Sí, todas se benefician económicamente de que la red llegue a todo el planeta, pero también van a beneficiarse quienes por fin puedan acceder a él. *Win-win.* Pensemos en nosotros: ¿cuántas veces usamos Google al día para buscar algo? ¿Cuántas cosas nos han salido más económicas (baratas) gracias a Internet? ¿De cuántas maneras nos soluciona o facilita la vida? Desde la chorrada más superficial, hasta lo más básico... La aplicación Internet.org, por ejemplo, ofrece servicios básicos gratuitos en lugares donde el acceso a Internet es poco asequible. Permite a las personas navegar gratuitamente por determinados sitios web sobre salud, educación, empleo e información local. La aplicación está disponible para los clientes de Airtel en Ghana, Kenia y Zambia, los clientes de Tigo en Tanzania y Colombia, los clientes de Reliance en la India... Hablamos de salud, educación, empleo. ¿En qué momento dimos por hecho que Internet es un derecho para nosotros? ¿Quizá porque nunca hemos tenido que pelearlo? ¿En qué momento dejamos de apreciarlo? Sí, yo creo que todo el mundo tiene que poder estar en Internet. Tenerlo a su alcance (a precio wifi), conocerlo, descubrirlo, probarlo, ver su utilidad, en qué le ayuda, en qué le sirve... Y luego, conocido y probado, que escoja: lo uso o no. Laboralmente hablando, pienso exactamente lo mismo. ¿Quién tiene potestad para decir qué profesional debe estar o no en la red? ¿Y para decidir qué le conviene más a un tipo de profesión u otra? ¿A cuál? ¿Por qué? ¿En función de qué? ¿Pensando en el ahora o en el futuro? ¿Acaso sabemos qué tipo de persona hay detrás de un trabajo? ¿Tenemos alguna idea de su historia, de sus capacidades, de sus sueños o intereses? ¿No sería más justo facilitar a todo el mundo la opción de acceder y descubrir Internet, informarle sobre opciones como esta y que después, de manera consciente, las personas decidieran si quieren usarlo o no? Detrás de cada profesión, de cada trabajo, por muy alejado que este esté del conocimiento, hay una persona. Y toda persona debiera tener derecho a mejorar su empleabilidad, con las mismas herramientas con las que cuenta el resto. La MP es para quienes tengan algo que decir o que ofrecer (todos). Para quien necesite o desee aumentar el número de personas que sepan de él y, por lo tanto, aumentar sus ingresos y oportunidades (todos).

10. Total, está lleno de *blufs* porque te puedes inventar lo que te dé la gana: no, no puedes, porque te pillan seguro. Las redes sociales están llena de ojos vigilantes, con habilidad para detectar las mentiras en esta era de la transparencia, y hay cosas que no sólo no se perdonan sino que se quedan grabadas para siempre. Como dice el refranero español, «se pilla antes a un mentiroso que a un cojo». En Internet, te pillan más rápido. Y la reputación sufre más, en cuanto que es mayor la exposición. Sí, por supuesto que hay personajes inventados y personas que mienten en LinkedIn, por poner un ejemplo, como mentían antes en su currículo tradicional. Pero en cuanto rascas un poquito, se desinflan, al igual que pasa sin conexión. Por suerte, son los menos. La MP debe ser siempre una extensión de tu verdad. Uno decide qué información mostrar, pero no se la inventa.

11. A ver si encima van a hablar mal de mí… Revisa los motivos por los que crees que alguien podría hablar mal de ti, y corrígelos. Si no hablan mal de ti en tu vida *offline, ¿*por qué iba nadie a hacerlo en la *online?* Generalmente uno se encuentra buena gente, con ganas de ayudar. Los *trolls* también existen, pero son como los *blufs,* superfáciles de detectar y eliminar (de tu comunidad). Todos estamos expuestos, eso es innegable, pero es mejor que tengas tú el control de tu reputación –y de gestionar personalmente un conflicto en caso de que haga falta– que dejarlo en manos de terceros. Recuerda que pueden igualmente hablar de ti aunque no estés en la red.

12. Si ya tengo perfil en LinkedIn, que es la red profesional, con eso basta: es buenísimo que tengas este perfil activo… Si lo usas de verdad como red social, y no como si fuera un portal de empleo, colgando tu currículo y ya está. Correctamente trabajada, no sólo es bueno, ¡es imprescindible! Y un buen lugar desde el que comenzar a crear tu MP. Pero en una segunda fase LinkedIn, al igual que Twitter, YouTube u otras redes sociales, actúan como un complemento, un altavoz, de tu *hub* (tu web), ayudándote a mejorar tu visibilidad, a darle un mayor alcance a tu contenido, a fortalecer el *networking...* Pero una MP coherente es aquella que cuenta con una nave nodriza (tu web) y distintas naves de

exploración y difusión (redes sociales). Además, quién sabe qué redes sociales desaparecerán y cuáles nuevas surgirán y serán más interesantes usar en un futuro… Tu web, no hay quien la toque. Ni depende de las modas, aunque no estará de más que la vayas actualizando, ni de unos accionistas caprichosos, o del mayor o menor carisma de un director ejecutivo (a lo Dick Costolo en Twitter), para que caiga en desgracia o vaya como un tiro: tu web es sólo tuya y depende exclusivamente de tu dedicación y tu trabajo.

En resumen, las redes sociales, nos ayudan a:

- Crear nuestra propia MP para posicionarnos en el lugar antes sólo destinado a unos pocos privilegiados (canal unidireccional).

- Expandir nuestra marca, hasta donde intereses/energías/raciocinio nos permitan, a un coste económico ínfimo (dispositivo + wifi).

- Averiguar con exactitud quién es, dónde se encuentra y cómo funciona nuestro mercado objetivo *(target)* específico.

- Analizarnos para saber si lo estamos haciendo bien, poder readaptarnos, reenfocarnos, variar estrategia…

La página web personal como *hub* o base de operaciones, funciona como la página corporativa de una empresa, y lo más recomendable es que tenga un blog incorporado. ¿Por qué? Veamos los datos:

- Las empresas que mantienen un blog generan en promedio un 55% más de visitas.

- Tienen un 97% más enlaces internos *(links inbound)* y 434% más páginas indexadas.

- El 57% de las empresas han adquirido un cliente a través de su blog.

13. Ni mi jefe ni mi empresa lo van a entender, para qué voy a meterme en líos… Porque a saber por cuánto tiempo van a seguir

siendo tu jefe y tu trabajo... No puedes dejar la responsabilidad de tu futuro en manos de otros. Cada vez más empresas reclutan a personas con una MP bien elaborada ¡en gran parte porque son más fáciles de localizar!, pero también por la de cosas que dice de uno, más allá de lo que creemos que mostramos. Por ejemplo, cómo nos expresamos, cuál es nuestra capacidad comunicativa, la constancia que tenemos (si somos regulares con nuestras publicaciones), nuestras habilidades blandas y, por supuesto, los conocimientos en un área que poseemos... Si es algo que pueden apreciar empresas o clientes ajenos, también puede hacerlo aquella en la que estás ahora. ¿De verdad lo has comentado internamente (no se trata de pedir permiso) o estás dando por supuesto que no lo van a entender? Puedes sorprenderte. La MP nunca debiera suponer un problema o generar líos con nadie; de ser así, es porque alguna de las dos partes que entran en conflicto lo han entendido o gestionado mal, y probablemente se esté trasladando al *online* unas carencias o conflictos previos. Cada uno tiene sus propios motivos y objetivos a la hora de trabajar su marca personal y, por consiguiente, cada uno debe saber argumentar (que no justificar) su paso hacia la digitalización de su identidad.

14. No tengo tiempo: ninguno es, exactamente, el mismo tiempo del que dispone el resto de la humanidad. Siento decirte que no tienes la exclusividad. Y además, ¡es la más triste de las excusas! Lo sé porque era también la mía. Enfrentémonos a la realidad: o te da pereza o miedo o es que no quieres verlo. Así que abre los ojos, supera el miedo a lo desconocido ¡y vamos a por ello! Probablemente haya vías de escape de preciosos minutos que puedes controlar y una planificación de las cosas por hacer que se puede optimizar. ¿Sabes lo mejor? Que a medio/largo plazo, tu MP te ahorra precisamente un montón de tiempo: cuando ya son bastantes las personas de tu área que te conocen y estás posicionado como profesional creíble y responsable, no tienes que estar preocupándote por salir a venderte (tu servicio o productos), ni andar dando explicaciones (ya está todo sobre ti claro y centralizado). Tus clientes irán a buscarte y lo harán sabiendo lo que van a encontrarse.

15. Lleva demasiado tiempo: a unos más y a otros menos, en función de cómo partan (sobre todo del grado de digitalización que tengan). Cada uno a su ritmo, sin prisa pero sin pausa. Cuando antes empieces, menos te preocupará este punto.

16. Esto me pilla ya muy mayor: el *knowmad* no tiene edad, es una cuestión de actitud mental.

17. No tengo nada de interés que comunicar, quién me va a leer, a quién le importa lo que yo cuente: las preguntas más comunes por las que todos pasamos son: ¿de qué voy a escribir?, ¿qué voy a contar? Por eso es tan importante pararse a reflexionar sobre estas cuestiones:

    1. Quién eres: reconocimiento, no conocimiento profundo, que para eso hace falta toda una vida de diván y psicólogos.

    2. Qué quieres: cuál es tu objetivo en la construcción de tu MP.

    3. En qué va a ayudarme tenerla.

Quizá deseas ser líder de tu sector, posicionarte como experto, tener más clientes, cambiar de trabajo o incluso de sector, sencillamente quieres mejorar tu capacidad de comunicación, o tienes habilidades que crees no están siendo aprovechadas y te apetece mostrarlas al mundo... Hay personas que construyen su MP para tener un canal de expresión propio, otros para canalizar ahí sus pasiones y aficiones. Cierto es que a veces, esas pasiones o aficiones acaban convirtiéndose en un trabajo real o en una vía de financiación alternativa.

Personalmente, me parece muy difícil tener cien por cien claras las respuestas a estas tres cuestiones, aunque depende de la personalidad de cada cual; yo prefiero darme un margen para ejercer el derecho que me concedo a mí misma a cambiar de opinión, o más bien hacer variaciones en el rumbo, y también creo conveniente escuchar las señales externas que me indiquen si voy o no por el camino adecuado. Pero desde una mínima base sí que hay que partir. Quien mejor se distingue con su trabajo no es la que espera motivadores externos, sino que se centra en su propia automotivación, gracias a que tiene metas y objetivos personales bien alineados con los intereses de su trabajo.

Hay que tener un plan de ruta que nos ayude a mostrar una imagen coherente, centrada, y no caótica o excesivamente errática.

Lo único sobre lo que sí estoy cien por cien segura es que debes escribir (hablo de escribir pero decide tú el formato) sobre cosas que te gusten, que diviertan, interesen o pongan. Porque, si no… sí que va a acabar siendo una obligación y lo detestarás. Por eso, si te encanta o estás satisfecho con tu trabajo, pero te aburre o no te apetece hablar sobre ello, ¡no lo hagas! La MP, ya lo sabemos, dice muchísimo sobre nosotros independientemente del tema que tratemos. Y una última cosa: los seres humanos tenemos tendencia a olvidar lo que nos cuentan (¡ay!) pero casi siempre nos acordamos de cómo alguien nos ha hecho sentir. Antepongamos los sentimientos.

> «No es lo que tú tienes, sino cómo usas lo que tienes
> lo que marca la diferencia».
>
> Zig Ziglar

Nacen nuevas profesiones

Las nuevas profesiones

Hemos leído, tuiteado y compartido esta información hasta la saciedad: «El 70% de los bebés de hoy trabajará en profesiones que aún no se han inventado». Pero es que siguiendo la tendencia del aumento exponencial de las nuevas tecnologías, lo más probable es que nosotros también trabajemos en algo que aún no sabemos ni que es posible que exista. A los hechos me remito. Si me hubieran dicho mientras estudiaba la carrera de periodismo –tipómetro en mano: mi generación pisó la clase de ordenador una única vez– que algún día trabajaría como gestor de comunidades en línea *(community manager)* o *social media strategist,* aún seguiría llorando de la risa.

Si bien es imposible predecir el futuro, es evidente por todo lo que ya hemos tratado y por lo que vemos cada día, que la oferta de empleo se concentra –y dirige– hacia las especializaciones digitales. Según la Comisión Europea, frente al 3% de crecimiento estimado para el conjunto del empleo en 2020, las ocupaciones TIC (Tecnologías de la Información y las Comunicaciones, Electrónica y los Contenidos Digitales) crecerán un 14%. El primer estudio sobre la situación laboral de los profesionales del sector del Consejo General de Colegios Profesionales de Ingeniería Informática (CCII), el sector de las tecnologías de la información demandará 100.000 profesionales en 2020 en España y entre 720.000 y 1,3 millones en Europa.

Van a nacer un montón de nuevas profesiones –se habla de la aparición 300.000 empleos nuevos– que nos van a afectar de lleno, seamos o no milénicos o posmilénicos.

1. Carreras profesionales con más demanda

Si bien la Unión Europea es la región del mundo con menor número de emprendedores, España –junto al resto de los países del Mediterráneo– está en un escaso 8%, una de las dificultades que tienen y van a tener aún más las empresas es, como explica Deloitte, es la de retener a los jóvenes entre sus filas. La nómina ya no es suficiente. Y el riesgo no es sólo que lo robe otra empresa, sino que el 70% de los jóvenes ya viene con el chip nómada integrado en sus cabezas: se ven a sí mismos emprendiendo, o trabajando por cuenta propia, en algún momento de su vida laboral. Según el informe sobre juventud elaborado por Global Entrepreneurship Monitor (GEM), entre los 18 y los 34 años es la franja de edad más favorable para montar un negocio propio. Veamos primero a grandes rasgos cuáles son los estudios o carreras que mayor demanda tendrán en el futuro y después ya puestos con nombre y apellidos, más específicos.

- Las carreras relacionadas con las tecnologías, la comunicación e Internet tendrán una demanda creciente, dado que la industria IT es una de las mayores del mundo por el progreso continuo de la tecnología.

- Los estudios relacionados con la medicina y la salud cobrarán mucha importancia, en parte por el envejecimiento de la población y la creciente preocupación por el bienestar físico.

- Psicología y salud mental. Dado que la sociedad cada vez tiene más problemas vinculados al estrés, las fobias y las adicciones, los profesionales de esta área serán cada vez más demandados.

- Traductores e intérpretes. El mundo globalizado requerirá de estos profesionales, ya que cada vez más empresas y organismos necesitarán interactuar con agentes en distintos idiomas. Aquí, sin embargo, hay controversia, dado que algunos expertos auguran una total extensión del inglés, que será un requisito imprescindible para cualquier trabajador. Se impondrá el inglés, entre otras cosas, porque es el idioma preferente de Internet.

- Ingeniería ambiental. La mayor concienciación por cuidar el medio ambiente, unida a las exigencias legislativas en esta materia, provocará un aumento de los estudiantes de la especialidad.

- Ingeniería civil. El constante cambio de las ciudades y la evolución de las zonas menos desarrolladas del planeta requerirán infraestructuras que deberán estar a cargo de ingenieros civiles.

- Las carreras vinculadas con el mundo financiero y la creación, gestión y asesoría de empresas seguirán siendo una elección muy habitual.

2. Tres claves: reequipar, mezclar y resolver

Intentar hacer un listado de las profesiones del futuro es como jugar a ser el escritor polaco Stanislav Lem (autor de *Solaris)*, conocido por explorar en sus libros temas filosóficos que involucran la naturaleza de la inteligencia, especulaciones sobre nuevas tecnologías, las posibilidades de comunicación y comprensión entre seres racionales y del lugar de la humanidad en el universo. Casi nada. Y aunque no acertemos en todas, es un ejercicio del que se pueden sacar muy buenas ideas.

Hay varios trabajos de investigación al respecto, pero uno de los más elaborados y argumentados, y que merece la pena tomar como referencia es el *Informe sobre tendencias laborales* elaborado por la empresa Sodexo (descargable en inglés en su página web), que aglutina 30 profesiones del futuro que creen estarían operativas en el año 2030 en tres grupos:

1. Reequipamiento: se añaden nuevas habilidades a los actuales puestos de trabajo. Está muy ligado al teletrabajo y la flexibilidad laboral. Por ejemplo, el Telecop, un oficial de policía cuya labor es más eficaz usando el teletrabajo si eso significa el fortalecimiento de lazos con su propia comunidad.

2. Mezcla: se combinan habilidades y funciones de diferentes trabajos o industrias para crear nuevas especialidades; como una

especie de fusión de carreras: los nuevos actores del mercado laboral surgen de la fusión de otros tradicionales. Por ejemplo, mezclando el trabajo relacionado con la salud humana y el medio ambiente, que da lugar al campo de la enfermería de salud ambiental (tratamiento de los pacientes expuestos a toxinas).

3. Resolución de problemas: la era de las comunicaciones ha traído consigo una serie de problemas inesperados, como en la privacidad y la seguridad. Serán trabajos relacionados con nuevas necesidades que vayan surgiendo. Por ejemplo, el arqueólogo digital, a quien se le paga para que desentierre lo que otros intentaron enterrar digitalmente.

Aquí va la lista con algunas de estas carreras. Como en el argumento de una película de Lem, emprendemos un viaje hacia lo desconocido de consecuencias imprevisibles para el futuro.

- Operador de vehículo autónomo *(autonomous vehicle operator)*. Se necesitarán chóferes para el desplazamiento de profesionales. Una versión sofisticada del chófer tradicional con conocimiento de recorridos alternativos que faciliten la movilidad de un punto a otro.

- Agricultor chef *(chef farmer)*. Los cocineros y los agricultores trabajarán juntos en el desarrollo de las semillas, el crecimiento de determinados productos basados en la demanda del cliente y cultivados para la creatividad del chef.

- Planificador de identidad digital *(digital identity planner)*. Creador de identidad digital, mantenimiento y seguimiento.

- Enfermero/a de la salud medioambiental *(enviromental health nurse)*. Profesional que aúna el conocimiento de medioambiente y sus efectos en la salud de las personas.

- Tecnólogo financiero *(financial technologist)*. Técnico de las finanzas *online*.

- Arqueólogo digital *(grassroots research)*. Investigador de pasados oscuros, que desentierra lo que se ha intentado enterrar digitalmente.

- Conserje de oficina virtual *(office concierge)*. Se impone la creación de oficinas base a las que los empleados acuden de manera intermitente. Se necesitarán gerentes que organicen el espacio en función de las necesidades del profesional.

- Organizador de la comunidad en línea *(online community organizer)*. Es el encargado de gestionar la comunidad *online* en las empresas.

- Coordinador de la atención personal *(personal care coordinator)*. Servirá de puente entre el individuo y todas las organizaciones de la salud y los servicios.

- Gestor de capitales *(seed capitalist)*. Experto en gestión de capitales relacionados con incubadoras, empresas derivadas *(spin off)*, inversión en *startup* y su seguimiento.

- Responsable de experiencia *(chief experience officer)*. Reporta al consejero delegado y es el encargado de supervisar una gran variedad de funciones, desde la mercadotecnia a las ventas, pasando por recursos humanos. El director general será el responsable de todas las experiencias, tanto de los empleados como de los clientes, y de medir su impacto en los resultados. Las empresas se han dado cuenta de que los grupos de interés se asocian con compañías por lo que se siente, por un conjunto de experiencias.

- Guía digital *(future guide)*. Formador en nuevas tecnologías a personas que, aunque expertas en sus especialidades, corren el riesgo de no actualizar sus conocimientos en lo digital y, por lo tanto, están expuestas a quedar excluidas del mercado laboral.

- Gerente Global Sourcing *(global sourcing manager)*. Expertos en pasar de un sistema de gestión nacional a otro multinacional. Este gerente mundial será un experto en logística que entiende la gestión de relaciones con los proveedores, el coste de energía y las compensaciones. También debe tener un conocimiento profundo de las costumbres internacionales, requisitos y otros factores legales, así como las consideraciones del coste total y los plazos de entrega. El dónde, cuándo y cómo se consigue el material, debe fusionarse con los aspectos culturales de cada ubicación para producir. Este es uno de los perfiles profesionales más complejos, ya que requiere experiencia y conocimientos globales muy profundos.

- Curador *(healer)*. Sanadores enmarcados en las terapias alternativas.

- Nanomédico o médico ingeniero. Profesional que tiene una alta capacitación tecnológica además de conocimientos médicos; expertos en el uso de medios cada vez menos invasivos.

- Gerente de marca personal *(personal brand manager)*. Las personas tendrán tantos trabajos a lo largo de su vida que la marca personal será tan importante como lo es en la actualidad la de un producto. Los gerentes de marca personal actuarán como agentes de talento, entrenadores y exploradores que ayudarán a los profesionales a planificar sus carreras, buscar oportunidades prometedoras y evaluar sus éxitos y fracasos. También harán las veces de entrenadores personales y directores de carrera para sus clientes.

- Agregador de talento *(talent aggregator)*. Se prevé una reducción de las organizaciones hasta su núcleo esencial, de manera que se demandarán estos agregadores de talento que manejan bases de datos de miles de profesionales independientes y que en un período de tiempo muy corto, puedan montar un equipo para acometer un proyecto concreto.

- Técnico residente *(residence technican)*. Será el responsable de todos los sistemas de la organización, desde la reparación de un electrodoméstico, la captación de energía alternativa, control de estadística de salud de los residentes, calefacción, aire acondicionado y ventilación, entre otros. Este profesional trabajará para mantener la salud y el bienestar de los empleados.

- Escritor wiki *(wiki writer)*. Escritor versátil capacitado para manejar información de diversos campos, estilos y en distintos soportes.

- Consultor transhumanista *(transhumanist consultant)*. Entre consultor, psicólogo y *coach*, formado a partir del pensamiento humanista.

- Arquitecto de realidad virtual *(augmented reality architect)*. Profesional experto en montar redes relacionadas con la realidad virtual.

- Responsable de relaciones virtuales *(avatar relationship manager)*. En un momento en el que las relaciones virtuales superan a las reales, el uso de avatares *online* se generaliza. Las organizaciones ya están demandando profesionales que se ocupen de gestionar estos actores en red. Es la nueva gestión de personas que, se prevé, revolucionará el ámbito de recursos humanos. Junto con los responsables de relaciones laborales, prevención de riesgos laborales o compensación convivirá el responsable de relaciones virtuales, que se nutrirá de la información procedente del resto de las áreas.

- Almacenador de energía *(energy harvester)*. Responsable de canalizar la energía generada por el sistema de personas y tecnología. Desde hace décadas se acomete la recolección de energía como una de las vías para abordar el cambio climático y el calentamiento global. Están surgiendo otras aplicaciones basadas en electrónica portátil, en la que el acopio de energía puede alimentar dispositivos personales como teléfonos u ordenadores. El mercado demandará este tipo de perfiles para cubrir estas necesidades.

- Arquitecto de sistemas globales *(global system architect)*. Los sistemas nacionales están haciendo la transición hacia los sistemas globales. En este entorno, los arquitectos desempeñarán un papel crucial. A medida que la economía se vuelve más global, las organizaciones tendrán muchas más opciones para obtener recursos, ya sean de tipo físico, de información o humanos.

- Orientador profesional de medio ambiente *(green career coach)*. Responsable de identificar y corregir los impactos ambientales en las personas. Su objetivo es hacer los espacios humanos más amigables con el entorno.

- Experto en *learning analitics*. Relacionado con los cambios que se van a desarrollar en el ámbito de la enseñanza, con la irrupción de los MOOC *(Massive Online Open Courses),* cursos en línea masivos y abiertos. Profesional capaz de trasladar los contenidos a la web, con un perfil más de tecnólogo que de investigador o docente. Tendrá formación en tecnología, psicología o antropología, pues es importante saber las necesidades del alumno, en función del país, que se convierte en cliente.

- Investigador educativo. La mayoría de los 300.000 nuevos empleos que genere la economía digital en los próximos años estarán ligados a la educación, sobre todo los maestros digitales. Aparecerán futuros profesionales en áreas emergentes, como orientador especializado en la mejora del rendimiento escolar, especialista en la atención a la diversidad de los alumnos, investigador educativo o asesor y orientador de directivos y profesores.

- Intendente de la organización *(organizational quartermaster)*. Así como el gerente de abastecimiento global es el responsable de resolver la cadena de suministro logística para la distribución física y de productos informativos, el intendente de la organización facilitará el personal (y contratistas) y todos los recursos necesarios para realizar su trabajo. Desde el punto de vista tecnológico, entre sus funciones se encuentra el acceso a Internet, espacio para oficinas y suministro de material, formación para empleados y cualquier otra cosa que necesiten para trabajar de manera efectiva y eficiente.

- Psicólogo de plantas *(plant psychologist)*. Este perfil surge con la proliferación del empleo verde, impulsado por la reducción real del impacto ambiental provocado por el hombre y los profesionales que tienen que ver con un lavado verde de la imagen de las compañías. Y, también en relación con el medio ambiente, hay que tener en cuenta los desafíos que plantea el cambio climático; el incremento y cambio de la demanda de alimentos; o la escasez de agua y la degradación del suelo.

- Gestores de trazabilidad. Examinan las cadenas globales de suministro y vigilan qué proveedores suponen un coste ecológico inasumible.

- Consejero laboral *(post-normal jobs counselor)*. Experto en el asesoramiento profesional. Es una evolución de los mentores y tutores que ya existen en las organizaciones, pero con conocimiento y experiencia en el ámbito real y en el virtual.

- Diseñador e ingeniero de carreteras *(smart road designer/enginer)*. Es un experto en la mejora de infraestructuras a partir del uso de las nuevas tecnologías.

- Notario digital *(terabyter, lifelogger)*. Experto en mantener la vida virtual de un profesional o de la empresa. Tiene que ver con la trazabilidad digital de las personas y empresas.

- Ciberabogado. Experto en delitos informáticos relacionados con distintos ámbitos, como las estafas a través de la web, delitos en las redes sociales, la protección de datos, el espionaje, usurpación de identidad...

3. Trabajos que serán difíciles de sustituir por la robótica

O eso se cree. Las cifras que baraja la Oxford Martin School –en su interesante estudio *El futuro de empleo: ¿cómo de susceptibles son los empleos a la informatización?*– colocaba alrededor del 47% los puestos de trabajo actuales hechos por humanos que serán robotizados. En otro estudio posterior, titulado El futuro de las habilidades: el empleo en 2030, publicado en Nesta (2018) por los mismos profesores Karl Frey y Michael Osborne de la Oxford Martin School (Reino Unido) aseguran que tan solo el 8% de los trabajadores tienen ocupaciones que muy probablemente crecerán en los próximos 10-15 años (como porcentaje de la fuerza de trabajo), mientras que el 21% se encuentran en ocupaciones que muy probablemente disminuyan. En general, casi todos los trabajadores tienen ocupaciones con futuros muy inciertos. La mayoría de las personas (alrededor del 70 por ciento) están en ocupaciones con perspectivas muy inciertas La educación, la salud y las ocupaciones más amplias del sector público es probable que crezcan, mientras que algunos trabajos poco calificados, en campos como la construcción y la agricultura, tienen menos probabilidades. Es necesario reconocer que, paralelamente a la automatización, hay un conjunto de tendencias tecnológicas, demográficas, económicas y ambientales más amplias que tendrán profundas implicaciones para el empleo.

Por lo que saber qué profesiones tienen más difícil caer en manos de una máquina es, sin duda, otra variable que merece la pena tener en cuenta. Se salvan las profesiones que, obviamente, están relacionadas con el conocimiento y la inteligencia emocional; la gestión de lo humano. Algunas de ellas son:

1. Docentes. La enseñanza es una de las profesiones con menos probabilidad de ser reemplazada por robots en los próximos diez años. Según dicho estudio de Oxford Martin, se cree que menos del 1% de la mayoría de los puestos de trabajo docente serán sustituibles por ordenadores. Es más, se espera que la mayoría de los puestos de trabajo docente o de formación aumenten su demanda en la próxima década.

2. Psicólogos. Esta profesión comparte cifra con la anterior: menos del 1% de los puestos de trabajo de psicología son sustituibles por un *software*. Otra profesión en alza para la que se pronostica un aumento del 12%. Por otro lado, no lo suficiente para el exceso de oferta actual.

3. Asistentes médicos. Quienes realizan tareas administrativas y clínicas en la oficina de los médicos, curiosamente, sólo serían sustituibles en el 30% de los casos. También se prevé que esta área crezca en un 29% en los próximos diez años.

4. Ingenieros. Químicos, aeronaúticos, mecánicos, industriales… Todos ellos tienen menos de un 1% de probabilidad de ser reemplazados por robots, según la Oxford Martin. Sin embargo, el crecimiento de estos puestos de trabajo es lento, por lo que podría haber un riesgo de un exceso de demanda de los solicitantes. Los mejores sectores dentro de la ingeniería, con mayor solicitud de puestos, se centran en las áreas del petróleo (crecimiento del 26%), medio ambiente e ingeniería nuclear.

5. Desarrolladores de *software*. Sólo el 11% del trabajo de los desarrolladores de *software* será reemplazado por robots en un corto plazo. Se espera un crecimiento de ofertas en este de un 22%.

4. Neoprofesiones que ya nos suenan (y a las que les queda mucho recorrido)

Las empresas aDigital e Inesdi por su parte han elaborado conjuntamente un Vademécum de las profesiones digitales, sobre las diversas denominaciones que se les da a las nuevas profesiones que tienen que ver con la tecnología.

* *Digital manager:* supervisa la estrategia digital de la compañía.

* *Digital sales specialist* o ejecutivo digital de ventas: es el encargado de realizar las actividades promocionales y de ventas de la organización en Internet. Se trata de un perfil comercial, y trabaja de la mano de otros departamentos de la compañía.

* *Digital communication specialist:* experto en mejorar e implementar iniciativas de comunicación de la empresa –internas y externas– a través de la gestión de contenidos o del diseño de las plataformas *online:* sitios web, perfiles sociales, etcétera. Se valora que tenga conocimientos de neuromarketing y usabilidad.

* *Digital project manager* o responsable de proyectos digitales: lidera e impulsa la transformación o mantenimiento del área digital de los negocios.

* *Digital marketing manager:* supervisa la estrategia de mercadotecnia digital.

* *Content manager* o responsable de contenidos web: tiene la misión de desarrollar los aspectos relacionados con los contenidos que publicará la organización en la web, blogs y redes sociales.

* *Digital account manager* o responsable de cuentas digitales: coordina al equipo que gestiona las cuentas digitales o cartera de clientes, y vela por la correcta integración con el plan de marketing.

- *Social CRM manager:* tiene como objetivo la creación o mantenimiento de estrategias centradas en la relación con el cliente *(online* y *offline)* a partir del análisis de patrones de comportamiento, utilizando datos del sistema CRM y datos externos (estudios de mercado, agencias, datos de perfiles sociales).

- *SEO specialist:* es el responsable de mejorar el posicionamiento de la empresa en buscadores. Debe entender de HTML, CSS, lenguajes de programación y gestión de blogs.

- *SEM specialist:* crea, define e implanta las campañas de publicidad en buscadores.

- *Lead marketing specialist* o experto en captación de *leads:* tiene como objetivo la captación de usuarios que tras una búsqueda en Internet llegan a una página web y rellenan un formulario de solicitud de información *(lead).*

- *Affiliate marketing specialist:* gestiona la relación entre la empresa y las redes de afiliación. Está especializado en la obtención de resultados por clic y venta.

- *Acquisition specialist:* aumentan el tráfico teniendo en cuenta su coste efectivo en función de los diferentes canales digitales a través de los cuales se realizan las campañas de marketing. Colabora con otros equipos para optimizar estrategias de SEO y SEM.

- *Social media manager:* crea, desarrolla y supervisa la identidad de la marca en redes sociales.

- *Community manager* o gestor de comunidades en línea: escucha, monitoriza y trata de crear una opinión positiva sobre la empresa y sus productos a través de redes sociales. Debe ser capaz de gestionar adecuadamente las crisis en los medios sociales.

- *Web master:* coordina el diseño, la estructura y la programación del sitio web, así como el mantenimiento y las actualizaciones.

- *Web developer & designer manager:* responsabilidad técnica de la creación de sitios web.

- *User experience specialist* o experto en usabilidad: se encarga de que la web ofrezca una buena experiencia al usuario. Debe saber desarrollar interfaces digitales y estar familiarizado con la analítica web/digital.

- *App developer/mobile designer* pueden incluirse en otros como *applications engineer* o *application development specialist.* En una profesión novedosa como esta, la experiencia es un factor determinante.

- *Videogames & serious games developer:* control de la diversidad de dispositivos.

- *Mobile marketing specialist:* crea campañas de marketing para *smartphones* o tabletas.

- *Digital analyst:* da sentido y significado a los datos que se recogen de las diferentes herramientas de medición *online.*

- *Web conversion specialist* o experto en conversión web: es el responsable de aumentar las tasas de conversión y rentabilidad del negocio vía *online.*

- *Data scientist:* investigador que resuelve problemas complejos mediante el análisis de múltiples fuentes de datos.

- *Ecommerce manager:* define y gestiona la tienda *online.*

- *CRM, customer relationship management:* experto en el área de relación con los clientes en Internet.

- *Trafficker:* publicista que se encarga de gestionar el funcionamiento de las campañas *online.*

- *ASO:* especialistas que mejoran la visibilidad de las aplicaciones en las tiendas Apple Store o Play Store.

- *Analista Buzz:* encargados de ampliar el mensaje comercial en las redes.

- *Content curator:* experto en selección de contenidos.

- *Storyteller:* especialista de la comunicación en contar historias de la marca.

Una lista que podría seguir casi hasta el infinito si nos metemos en el mundo de la informática: programador ABAP, programador *software* Dashboards, desarrollador soluciones macrodatos, arquitecto informático, administrador de bases de datos Oracle…

Ni son todos los que están, ni están todos los que serán, que diría Cervantes, pero es desde luego un interesante aperitivo para los hambrientos de cambio (algunos de estos trabajos suenan realmente bien) así como un buen indicador para la toma de conciencia de en dónde estamos y hacia dónde debemos mirar.

> «Un sueño sólo puede triunfar sobre la realidad
> si se le da la oportunidad».
>
> Stanislav Lem

Para pensar: los nuevos retos de nuestra sociedad

Los nuevos retos de la sociedad

Me gustaría cerrar el libro planteando algunas cuestiones con las que nos tocará a todos lidiar en un futuro para, en la manera en que podamos, vayamos construyendo también entre todos las respuestas. Los individuos, las empresas, las sociedades van a tener que hacer frente a nuevos retos, muchísimos de los cuales no estarán recogidos aquí porque ni imaginamos las necesidades nuevas que van a surgir, si bien algunas ya se intuyen o empiezan a perfilarse.

Aparecen nuevas curvas además de las ya existentes, nada que un buen *knowmad* no sea capaz de capear. Nada que una empresa flexible, abierta y predispuesta no pueda manejar. Nada que una sociedad alineada y preparada, moviéndose al unísono y por un bien común, alineada a su vez con otras sociedades de este planeta hiperconectado, no pueda superar. Si, lo sé, pura utopía. Pero por algo Tomás Moro llamó a la capital de su isla ideal Amauroto, que significa «sin muros». Podría ser una señal ☺. Quién sabe cómo acabaremos, lo que está claro es que esto de anhelar un mundo ideal y justo es tan viejo como la humanidad, y creo sensato mantener la tradición. Tender hacia ello es ya empezar a construirlo. Pensar, reflexionar y conversar acerca de los retos del futuro, el primer paso.

1. Flexiguridad: las nuevas formas de contratación del futuro

¿Qué es la flexiguridad? De momento un debate, más que una realidad, si bien un debate muy necesario. Debido a esta sociedad cambiante y líquida, al nacimiento de cada vez más nuevos perfiles laborales (orientados a lo colaborativo, trabajos por proyectos, sin asignación de sitio físico, talento internacional, perfil tecnológico...) y el lógico aumento de las empresas abiertas (externalización, contratación por proyectos u objetivos, flexibilidad laboral, espacios abiertos...) –vaya, todo lo que hemos tratado en el libro– se está generando un claro conflicto de intereses. Es decir, la realidad laboral se está transformando rápidamente, mientras que la legislación va a paso de tortuga y todavía ni contempla las problemáticas futuras. Porque cuando hablamos de externalización laboral, por ejemplo, no podemos planteárnosla tal como hasta ahora la ejercen la mayoría de las empresas (con la intención de abaratar costes y en detrimento del subcontratado); la manera de externalizar servicios o de contratar por proyectos (y ambos aumentarán muchísimo) se entenderá –algunas compañías así ya lo están haciendo– desde una relación ganar-ganar con el trabajador: cuidando la dignidad y calidad del pago del servicio (proyecto), el trato, etc. Por otro lado –también como ejemplo–, es frecuente que cuando algunas relaciones laborales de colaboración se rompen o acaban, los trabajadores, aun habiendo aceptado esas condiciones desde el principio (sobre todo aquellos que han tenido un único pagador), acaben demandando a la empresa para demostrar que había vinculación con la misma.

En fin, un lío que no beneficia a nadie y que ha ido haciendo más y más grande la brecha entre unos y otros. Así, durante demasiados años hemos visto como empresas y trabajadores barrían para casa (si bien la balanza cada vez ha estado más descompensada, las cosas como son) sin tener en cuenta que, cuando se rema juntos, se llega a buen puerto. Cuántas triquiñuelas, juicios, juegos sucios, contratos con letras XXS, despidos y demandas XXL... Hace falta adoptar nuevos sistemas de colaboración, desde un punto de vista legislativo.

Ahora es el momento de crear un marco regulatorio apropiado para que nadie salga perdiendo, porque lo que está claro es que la legislación actual –para con estos perfiles profesionales externos, para con esta realidad laboral en aumento– no funciona.

¿Lo ideal? Que no hiciera falta. Que fuéramos lo suficientemente evolucionados y civilizados para confiar en el de enfrente, y que tratáramos a quien contratásemos o al que nos contratara de la manera que nos gustaría ser tratados. Que pagáramos como nos gustarían que nos pagaran. Que diéramos la calidad profesional que nos gustaría recibir. Que... Ya, bueno, por eso estamos hablando de la flexiguridad. Pero como la esperanza es lo último que se pierde, siempre hay alguien (o entidad) que te sorprende; más abajo os cuento por qué este párrafo no es tan loco.

Flexiguridad. Traslado lo que aparece en el Informe PwC:

> «Este concepto, que surgió en el ámbito académico para luego extenderse a las políticas laborales de algunos Estados miembros de la Unión y ser promovido por la Comisión Europea a todo su territorio, intenta englobar en un enfoque holístico la pluralidad de necesidades de las empresas, los trabajadores y los países. Pretende equilibrar las lógicas demandas de flexibilidad de las empresas con las legítimas exigencias de garantías económicas y tutela jurídica para los trabajadores, en un sistema laboral equilibrado, sostenible, competitivo y justo».

Hasta aquí bien. Seguimos.

> «La Comisión ha indicado varios elementos que deben estar presentes en un sistema laboral *flexiseguro,* y también ha aportado diversos modelos, a modo de mejores prácticas, sobre cómo pueden implementarse. Su posición es que no hay un solo camino hacia la *flexiguridad,* sino una pluralidad de itinerarios *flexicurity pathways,* que podrán ser elegidos según las características y las tradiciones de cada país».

Todo muy sensato. Ahora viene la parte menos positiva:

«El debate sobre la flexiguridad ha tenido un gran impacto en toda Europa, y especialmente en España, donde la experiencia con el concepto de flexibilidad laboral ha sido especialmente negativa. Existía un consenso en que el modelo español de flexibilidad externa había resultado desequilibrado y contraproducente, y que era necesario sustituirlo por otro basado en la flexibilidad interna, con mayor movilidad y adaptación dentro de las empresas y menor rotación de su personal».

Vamos, que tenemos «un Houston» importante. ¿La buena noticia? Que cada vez más personas, emprendedores, trabajadores, empresas, *freelances,* autónomos, multinacionales... se preocupan por esto, y empiezan a generar debate al respecto. Hace falta actuar al respecto, y cuanta más gente se implique, preocupe, involucre, mejor futuro tendremos todos.

Como apunte esperanzador (siempre lo hay) diré que, por ejemplo en Microsoft (compañía que entra dentro de la denominación de empresa abierta y flexible; en la que no hay sitios asignados para nadie, ni despachos, en el que las personas autogestionan su tiempo, trabajan desde casa, externalizan y hacen contratos por proyectos...), pese a no existir aún regulación al respecto, funcionan bien porque han incorporado el concepto de confianza. Como dicen desde su departamento de Recursos Humanos: «hemos recuperado ese valor en nuestra política de empresa, y obtenemos en la mayoría de los casos la respuesta que esperamos». La confianza genera confianza.

2. Aparición de nuevos contratos laborales

Todo indica que será necesaria la aparición de nuevos tipos de contratos laborales que se adapten a esta realidad, desde una perspectiva ganar-ganar, y que no supongan un abuso para ninguna de las dos partes, especialmente para los trabajadores. Por ejemplo, una opción que va ganando popularidad –a la par que detractores– es el llamado «contrato de cero horas», implantado en el Reino Unido: 700.000 empleados ingleses ya operan con este contrato. Los «cero horas» nacieron con la idea de aportar flexibilidad a un mercado laboral rígido para permitir que estudiantes y personas que quisieran trabajar a tiempo parcial, tuvieran más opciones de encontrar un empleo. Un sistema que permitiera flexibilidad al empleador y al empleado, manteniendo algunas de las prestaciones que no tiene el autoempleo. En un informe publicado en noviembre de 2013 por el Colegio Profesional de Personal y Desarrollo (CIPD son sus siglas en inglés) del Reino Unido, se analizó estos contratos. La conclusión fue que el 23% de las empresas utilizaba estos contratos con una media del 19% de sus plantillas. Según este informe, en vez de sentirse explotados, casi la mitad de estos empleados se declaraban satisfechos por no tener un mínimo fijo de horas, y tan sólo la cuarta parte manifestaba no estar contenta. La mayoría de los trabajadores de «cero horas» (52%) no quiere trabajar más horas de las que cumpliría en una semana laboral normal. Sin embargo, los sindicatos aseguran que se está abusando de esta modalidad. ¿Dónde está el fallo? Consideran que estos contratos afectan principalmente a mujeres, jóvenes e inmigrantes, que cobran unas 300 libras (408 euros) menos a la semana que si trabajaran con un contrato convencional. Como promedio, trabajan 25 horas a la semana, pero un tercio de estos trabajadores quiere trabajar más horas. Esta modalidad exige estar disponible 24 horas al día, lo que impide a los empleados tener otro trabajo. Si rechazan acudir cuando les llama una empresa, lo normal es que no vuelvan a contar con ellos. Por ejemplo, el 90% de los empleados de McDonald's en el Reino Unido, están supeditados a contratos de cero horas. De ahí que el Ministerio de Industria lleve al Parlamento una ley para prohibir las cláusulas de exclusividad en estos contratos, que impiden que los trabajadores trabajen más horas en otros lugares.

Lo que está claro es que los contratos flexibles llegarán para quedarse, pero sólo funcionarán si se hacen bien, y no con espíritu de abuso. De trabajo precario ya estamos todos los países bien servidos y con muchas ganas de pasar página hacia algo mejor. Legisladores, ministerios de Trabajo e Industria, empresarios y demás organismos deberán activar su ingenio y pensar en nuevas fórmulas laborales que funcionen desde la flexibilidad real, y el ganar-ganar, permitiendo al trabajador tener varios acuerdos laborales y combinar distintos empleos a tiempo parcial.

3. La robotización y desaparición de empleos

Es uno de los temas que más controversia y temor genera. ¿Supondrá una disminución radical de los puestos de trabajo? ¿O servirá para descargarnos de las tareas más pesadas pero sin suponer una pérdida real de empleo?

Merece la pena comenzar esta reflexión con un artículo publicado en la *Harvard Business Review* (y compartido en LinkedIn) por Mark Muro y Scott Andes, analistas del Programa de Política Metropolitana de Brookings. Según los autores, si los robots son un sustituto de los trabajadores humanos, entonces lo normal sería que los países con mayores tasas de inversión en la automatización experimenten una mayor pérdida de empleo en sus sectores manufactureros. Sin embargo, no parece ser el caso. Por ejemplo, Alemania multiplica por tres el número de robots por hora trabajada frente a Estados Unidos, sobre todo por industria automotriz. Tiene diez veces más robots por trabajador en esta industria que la media. Suecia tiene 60% más robots por las horas trabajadas que Estados Unidos, gracias a sus industrias metálicas y químicas. No obstante, aseguran que no hay esencialmente ninguna relación visible entre el uso de robots y el cambio en el empleo manufacturero. A pesar de la instalación de muchos más robots, entre 1993 y 2007, Alemania perdió sólo el 19% de sus puestos de trabajo de fabricación entre 1996 y 2012 en comparación con una caída de 33% en Estados Unidos. Corea, Francia e Italia también perdieron menos empleos de manufactura que Estados Unidos, incluso a medida que introducen los robots más industriales. Por otro lado, países como el Reino Unido y Australia invierten menos en robots, pero los descensos en sus sectores manufactureros fueron más rápidos. Es más, los datos con los que trabajan (un documento del Centro de Londres para la Investigación Económica, elaborado por George Graetz y Guy Michaels, de la Universidad de Uppsala y la London School of Economics) sugieren que la llegada de los robots tendió a aumentar el empleo y el salario de los trabajadores calificados, ya que parecía desplazar el empleo de baja cualificación y, en menor medida, los trabajadores cualificados como medios. Es decir, los robots no parecen ser la causa de las pérdidas netas de empleo, sino que influyen en el cambio del tipo de trabajo. Desde el punto de vista macroeconómico, los robots industriales, señalan, son un importante impulsor de la productividad del trabajo (aumento de la productividad en un 0,35% anual) y el crecimiento económico (16%).

De acuerdo, el trabajo Graetz y Michaels sugiere que la revolución robótica va a ser un negocio grande. Pero ¿a cambio de qué? ¿Del empleo humano? Veíamos unos párrafos más arriba que en principio más que destrucción significa transformación e importantes cambios en los empleos, pero recordemos que los estudios estaban elaborados en años anteriores, y ya sabemos cómo funciona el avance exponencial de la tecnología. Su estudio concreta en 700 los puestos de trabajo con riesgo de ser automatizados, estando entre algunos de los sectores más damnificados el de la logística, el transporte, la oficina y el apoyo administrativo. Si los avances llegan con la rapidez que se prevé, ¿habrá tiempo para formar y reciclar a las personas en puestos de manufactura menos cualificados hacia trabajos más orientados al conocimiento? ¿Están las sociedades preparadas para estas transiciones? El impacto de los robots en el empleo puede ser positivo, negativo o mixto, en función de lo que ya se empiece a hacer al respecto.

4. ¿Cuáles son los retos que tienen las empresas en los nuevos entornos de trabajo virtuales?

La capacidad de gestionar equipos virtuales es crucial. El mayor reto, como explica Elena Sánchez Rodríguez (Globaplace), somos las personas… Y luego la cultura organizacional. Todos, como humanos que somos, estamos acostumbrados a tocar, a ver, etc. En la medida en que eso desaparece tenemos la sensación de que perdemos el control, y nos resulta más difícil trabajar con el otro en la distancia. Sánchez lo resume de esta manera:

«No obstante, sí tenemos experiencia, pensemos en el teléfono, en las cartas... Hemos trabajado mucho virtualmente, sólo que quizá no de manera integral. El segundo problema suele ser la cultura organizacional, que es la personalidad de la empresa, y que también se crea gracias al conjunto de las personas que están trabajando ahí. Suele pesar mucho la mentalidad del directivo, y afecta muy negativamente si teme la pérdida de control o piensa que si no tiene al equipo enfrente va a perder eficacia; sin embargo, el tener a una persona al lado no garantiza mayor productividad. Incluso, ¡diría que al contrario!».

Otro reto muy importante para la empresa es tener bien preparado su entorno para trabajar virtualmente y contar con las herramientas apropiadas para dar visibilidad a sus empleados. «Esta es otra de las cuestiones que más nos preocupan a los seres humanos: creer que si no nos ven físicamente quizá perdamos oportunidades», aclara la experta.

4.1. ¿Consejos para mejorar el *virtual work management?*

En primer lugar las compañías, las empresas, deberían plantearse cuáles son los beneficios que pueden obtener. El trabajo virtual será una realidad porque ya contamos con la tecnología adecuada, por ello en vez de temerlo o rechazarlo, merece la pena un cambio de óptica: pensar en los beneficios que ofrece, que son muchos: flexibilidad, conciliación, ahorro de costes y de espacios, aumento de la productividad... Elena Sánchez Rodríguez lo explica así:

«Recordemos siempre que el trabajo virtual no supone abandonar lo físico, que tiene su sentido y encanto también. Pero el trabajo virtual puede suponer un ahorro importante en viajes, de espacios físicos, además de ayudar a la conciliación y mejorar la productividad, porque optimiza los horarios de los trabajadores. También tiene beneficios en la responsabilidad social: menos emisión de gases, acceso a personas discapacitadas... Por eso mi primer consejo es este: que se planteen como empresa qué beneficios pueden sacar del *virtual work,* qué cosas van a optimizar.

Lo segundo que les propondría es que hicieran un diagnóstico, pequeño, breve, para saber cómo están de preparados digitalmente, cómo es su infraestructura tecnológica. Para que haya un claro entendimiento en cuanto a qué se pretende y con qué herramientas se cuentan. Por ejemplo, si se trabajó por objetivos, averiguar hasta qué punto se comunica todo con transparencia y se facilita el trabajo a las personas. Y luego hay que ir a las personas: ¿cómo perciben todo esto? ¿Cómo están trabajando actualmente? ¿Cómo colaboran en su día a día con los demás, con el resto de departamentos? ¿Y qué necesitan para tener un correcto balance entre lo físico y lo virtual? ¿Cómo usan la tecnología en sus vidas diarias?... Son cuestiones que hay que preguntarse para ver qué se puede aprovechar de todo esto, por dónde empezar. Es conveniente comenzar por algo pequeñito, de manera cariñosa por así decirlo, pero que suponga un gran impacto, y consiga que todos perciban los beneficios».

Elaborar un análisis interno de compromiso y conciliación, como el que propone el Observatorio EFR (masfamilia.org) también puede ayudar a dar los pasos adecuados. Buscar el perfecto equilibrio entre el trabajo virtual y la necesidad de lo presencial será el reto, pues como dice la directora general de Yahoo!, Marissa Mayer: «los empleados son más productivos cuando trabajan solos, pero son más innovadores y colaborativos cuando están juntos».

5. La paradoja de la vida *knowmad*

Bueno, una de tantas, porque seguro que nacerán más por el camino, pero esta que plantea Lynda Gratton merece la pena considerarla lo antes posible. Una de las paradojas del futuro será que, para tener éxito uno tendrá que destacar de entre la multitud, siendo al mismo tiempo parte de la multitud. El trabajador *knowmad* tendrá por un lado que destacar con su maestría y habilidades, a la vez que formar parte del gremio de otros nómadas de intereses o especializaciones similares, para crear valor de manera conjunta. Aunque parezca contradictorio, sólo brillará y tendrá buenos resultados quien opere en compañía (en red, con las redes). Si en el pasado el éxito se entendía a través de la ambición y la competencia, orientado a lo individual, ahora éxito está ligado a la palabra conectividad. Una de las habilidades clave del nómada es su capacidad para conectar conocimientos (porque sabe que al compartirlos se enriquecen) y a generar redes de alto valor. Dentro de estas redes habrá personas con las que se mantengan relaciones más sólidas (núcleo más pequeño) y una cantidad mayor de gente con las que mantenga intereses similares, pero que pueden formar parte de otros sectores profesionales. Es a través de la comunidad como surgen las grandes ideas, los trabajos colaborativos… Habrá que ser un profesional especializado (conocimientos de un área más concreta) pero generalista al mismo tiempo (conocimientos más amplios).

6. 24/7 frente a *lifehacking*

El profesor de Historia de Arte Moderno de la Universidad de Columbia (Nueva York), Jonathan Crary, plantea en su libro *24/7* un importante reto para las personas. La fórmula 24/7 –estar conectados 24 horas al día, siete días a la semana– trata la imposibilidad, cada vez mayor, de hacer una pausa, de desconectar, como consecuencia de la globalización, las nuevas tecnologías y un mundo hiperconectado. Es algo que nos afecta de modo particular (como usuarios) pero que incide muy directamente en los trabajadores que desarrollan sus tareas de forma internacional, colaborando con cualquier país de mundo y, por tanto, adaptándose a sus horarios.

Una vida 24/7 afecta a cuestiones tan básicas como son el sueño o el descanso. El autor explora asuntos como el de la exposición y visibilidad permanentes, en el cual «nada de lo íntimo puede permanecer oculto o en el ámbito privado». Pero esto es ya otro debate en sí mismo, así como todo lo relacionado con el subtítulo del libro: «El capitalismo al asalto del sueño». Como explica el autor:

> «Muchas instituciones del mundo desarrollado llevan décadas funcionando 24 horas al día siete días a la semana, sobre todo desde la implantación de las comunicaciones por satélite. Pero no ha sido hasta hace poco, en los últimos diez o quince años, cuando la elaboración de la propia identidad personal y social está siendo reorganizada para adaptarla al funcionamiento ininterrumpido de los mercados, las redes de información y otros sistemas».

Sin embargo, frente a este 24/7 hay otro concepto radicalmente distinto, que también se apoya en el mundo globalizado, en las nuevas tecnologías y en lo hiperconectado: el *lifehacking.* Este término, ya antiguo, pues lo creó en 2004 el periodista especializado en tecnología Danny O'Brien, consiste en «una estrategia o técnica adoptada para administrar el tiempo propio y las actividades diarias de un modo más eficiente». Es decir, utilizar la tecnología para conseguir que nuestra labor sea más eficiente y así ganar más tiempo para nosotros mismos. Quien haya leído *La semana laboral de 4 horas,* de Timothy Ferriss (sí, yo también compré el libro ☺) entenderá mejor la idea, sólo que llevada un poco... al extremo.

Probablemente, haya que encontrar términos medios; habrá quienes alcancen el ideal de Ferris y quienes queden atrapados en el 24/7. Para el trabajador/empresario/emprendedor/autoempleado, la posibilidad de colaborar desde cualquier lugar para cualquier persona y sitio del mundo tiene todas las ventajas que ya hemos visto en el libro ¡que son muchas! Pero, efectivamente, también conlleva ese riesgo: el de perder su vida privada y muchas horas de sueño. Habremos de hallar las maneras de gestionar adecuadamente nuestros horarios así como la disponibilidad y privacidad, para asegurarnos nuestros tiempos de desconexión y descanso y preservar de este modo la productividad, la vida privada... y la cordura.

7. La importancia de la diversidad y el género en las empresas

Es un clásico, lo sé, pero mientras siga haciendo falta tratarlo no queda más remedio que ponerlo sobre la mesa. Y aún es necesario. Para Alison Maitland, directora del The Conference Board's European Council for Diversity in Business, coautora del libro *Why Women Mean Business* y especialista en liderazgo y futuro del trabajo, uno de los retos a tratar y mejorar es el área de la Diversidad e Inclusión (D + I) en las organizaciones, sobre todo en cuestión de liderazgo. Bastantes años después de la legislación sobre igualdad, las mujeres todavía no han alcanzado la paridad con los hombres en la parte superior del mundo de los negocios. El número de directores ejecutivos femeninos de las compañías Fortune 500, por ejemplo, es sólo del 5%. Y no saben lo que se están perdiendo el 95% de las empresas restantes... ¡pasta! Según un informe de 2011 de la organización Catalyst, las empresas de Fortune 500 con más mujeres en la junta de dirección eran un 16% más rentables.

Alison resalta importantes cambios: la clara feminización de los estilos de liderazgo (habilidades blandas, conciliación y flexibilidad...), la importancia de la capacidad de compra del sexo femenino y el cambio de roles y actitudes de los hombres hacia el trabajo y la vida familiar. A esto hay que sumarle que las mujeres son la mitad de la población, más de la mitad de los graduados universitarios, representan casi la mitad de la fuerza de trabajo en la mayoría de las economías avanzadas y son quienes dominan el consumo. También están encontrando papeles de liderazgo alternativos fuera del gran mundo de la empresa, como por ejemplo el emprendimiento (en Estados Unidos, por ejemplo, las empresas creadas por mujeres alcanzan ya el 30% del total). Suficientes pruebas, como dice esta experta, para apoyar el sentido común de que ambos sexos estén adecuadamente representados en el liderazgo empresarial, para mejorar el rendimiento.

Cuestión de datos: según el Instituto de Investigación de Credit Suisse, que examinó 2.400 empresas en todo el mundo en 2012, encontró que a los inversores les iría mejor las acciones si sumaban al menos una mujer en sus filas. McKinsey & Company investigaron sobre la relación entre los resultados organizativos y financieros y el número de mujeres directivas. Se observó que el aumento del precio de las acciones entre 2005 y 2007 había sido un 17% superior en las empresas europeas cotizadas en la bolsa con más mujeres en sus equipos directivos, y que las ganancias promedio eran casi el doble del promedio del sector.

Pero, como recoge Maitland en su artículo «A gender power shift in the making»: a nivel mundial, las mujeres ocupan el 24% de los puestos directivos, de acuerdo con el *Grant Thornton's International Business Report,* que examina empresas de todo el mundo. Hay grandes diferencias entre países y dentro de las regiones. Las mujeres ocupan más puestos de influencia en Europa del Este y sudeste de Asia que en la mayoría de las economías occidentales. Rusia encabeza la tabla con el 43% de mujeres en puestos de alto rango, seguido de Indonesia, Filipinas, los Estados bálticos, Tailandia y China. Por el contrario, Estados Unidos (22%), España (22%), la India (14%) y Japón (9%) se encuentran entre la parte más baja.

El informe de 2015 de la OIT ofrece, sin embargo, estos datos, muy significativos en cuanto que sitúa a Latinoamérica a la cabeza: Jamaica (59%) y Colombia (53%) son los países con más mujeres en puestos directivos de todas las empresas del mundo. Panamá se sitúa en el puesto número 5 (47,4%) de mujeres ejecutivas, Guatemala en el número 8 (44,8%) y Uruguay ocupa la posición número 11 (43,9%). Estados Unidos estaría en el puesto número 15 (42,7%), Reino Unido en el 41 (34,2%)… Si bien este estudio *Mujeres en gestión y negocios: lograr impulso* demuestra que en 80 de los 108 países analizados la proporción de mujeres en puestos ejecutivos ha aumentado en los últimos años, podría llevar entre 10 y 200 años lograr la paridad entre hombres y mujeres en puestos ejecutivos si no se hace algo.

Maitland concluye:

> «Las empresas que quieran prosperar en el futuro harían bien en atender a estas tendencias, puesto que el cambio de poder en las relaciones de género que se está produciendo en el siglo XXI traerá el progreso social adecuado, si se permite a mujeres ocupar los puestos apropiados».

Y la OIT dice: «promover la igualdad de género en el lugar de trabajo, además de ser la opción justa, es la más inteligente».

8. Gestión generacional: *boomers*, X, milénicos y Z

Tótum revolútum. Por primera vez en la historia del trabajo de la humanidad, cuatro generaciones muy diversas entre sí van a compartir espacios laborales, con lo que eso supone. Si bien es cierto que cada generación evoluciona, cambia y se distingue de la que le precede, especialmente la influencia de las nuevas tecnologías hace a estas generaciones muy, muy distintas entre sí: *baby boomers,* generación X, milénicos, generación Z; por otro lado la longevidad laboral (vivimos más tiempo y necesitamos trabajar también más tiempo) las junta en el mismo entorno productivo.

De ahí que otro gran reto sea el de la gestión generacional: adaptar los distintos procesos (selección de personal, formación, comunicación, metodologías, negociación…) a estas cuatro generaciones; pensar en las maneras de conjugar y equilibrar la experiencia, inteligencia, pasión y talentos de cada una, para que se potencien los resultados, para que el conocimiento fluya y para que los valores de estas cuatro generaciones se integren y complementen. Si a un postmilénico le dicen que tiene que trabajar con su padre y con su abuelo… Seguramente le entre la risa floja ¡y se monte una *startup* con sus colegas! ☺. El abuelo puede tolerar las rarezas del nieto en casa (de su hijo), pero en el trabajo... no es algo que le haga especialmente gracia. Exagerándolo un poco (hablamos de profesionales, al fin y al cabo) pero por ahí va esta interesante mezcla, y el reto de la empresa: debe aprender a sacar lo mejor de todos, y a que esa excelencia se retroalimente. Veamos por encima (insisto en lo de por encima) cómo son estas generaciones.

8.1. *Baby boomers*

Nacidos entre 1945 y 1966. Es la generación que viene tras la Segunda Guerra Mundial. Orientados a su desarrollo profesional, les caracteriza su tendencia optimista. En algunas organizaciones son considerados como el motor empresarial. Les gusta sentirse reconocidos. Han trabajado de modo analógico casi toda su vida y la mayoría en empresas del tipo fordista. El miembro de la también llamada generación sándwich, lo es también el de la generación del rock and roll: actuaron bajo el convencimiento de que tenían la libertad de dar forma a sus propias vidas y quizá por ello se les considera más egoístas que a otras generaciones. Sin embargo, aunque actúen con liberalidad, en su inconsciente están condicionados por los preceptos de mayor rigidez inculcados en su niñez. Confían en la autoridad y mantienen la lealtad a su compañía. En el año 2020 los más jovencitos de esta generación tendrán unos 55 años y, por lo tanto, muchos de ellos seguirán en activo.

• ¿Qué les motiva?

1. Impulsar incentivos que les brinden estatus, como los viajes de trabajo con comodidades o asistir a convenciones (eventos en general).

2. Premiar el compromiso que tienen con el trabajo, la lealtad.

3. Brindarles reconocimiento público y acompañarles para que lo consigan *(coaching)*.

4. Darles la oportunidad de expresar sus opiniones y sugerencias.

5. Estimular su participación como guía en proyectos *(mentoring)*. Pueden ser los perfectos mentores de la generación Y.

8.2. Generación X

Las personas nacidas entre 1967 y 1979 se caracterizan por haber presenciado los grandes cambios tecnológicos y empresariales. Nacieron en era analógica, se desenvuelven en la *online*. Quizá por eso también se les conoce como generación perdida: la X se traduce como una cualidad desconocida, todavía en prueba. Su visión es global y son flexibles. Se toman en serio la empleabilidad y, por lo tanto, son conscientes de la necesidad de aprender nuevas habilidades. Esta generación puede moverse lateralmente, detener e iniciar su carrera, porque es más fluida. No les agrada la supervisión directa: dan menos valor a las jerarquías y les gusta ser tratados como iguales, no como subordinados. Son la generación más cínica (no han tenido grandes ideales ni se han movido por causas sociales o políticas importantes), pero también es la primera que no tiene ninguna preferencia por tener un jefe hombre o mujer (igualdad). Desean tener acceso a la tecnología y disfrutan de espacios abiertos en su sitio de trabajo, que sean modernos. Insisten en equilibrar la vida y el trabajo. Los miembros de la generación X son leales a su profesión, no a su empleador.

- ¿Qué les motiva?

    1. No buscan un estatus elevado en la organización, aunque sí reconocimiento. Quieren saber que lo que hacen tiene un sentido, un valor.

    2. Todo lo relacionado con inversión en tecnología les motiva, porque les gusta trabajar en entornos que se modernicen constantemente al igual que hacen ellos.

    3. Valoran que estimulen su capacidad y reto con el manejo y administración de proyectos, que deleguen confianza en ellos.

    4. Que se les reconozca y facilite el equilibrio entre vida-trabajo, entornos flexibles, trabajar en equipo, la autogestión.

8.3. Generación Y o milénicos

Nacidos entre 1980 y 1993. Se hicieron mayores (18) con la entrada del nuevo milenio. El impacto que tiene en ellos la tecnología es total, la llevan integrada. También llamados como la generación de los Pequeños tiranos, por el control que ejercen sobre sus padres o por el mimo que han recibido de los mismos (los *baby boomers)* y generación Peter Pan, por sus pocas ganas de crecer. Son los protagonistas de las nuevas tendencias organizacionales, por ser la nueva fuerza laboral (hay unos 75 millones de miembros de esta generación en el mundo).

Valoran la diversidad, son seguros de sí mismos. Nacieron en una época de prosperidad económica, en hogares seguros y confortables; hasta ahora han tenido hasta 111% más poder de compra que sus padres, pero a su vez tienen una conciencia clara del ahorro, porque les ha tocado madurar con la crisis. Optimistas, les gusta cooperar. Confían aún en los beneficios de los estudios formales. Trabajan bien en equipo, prefiriendo esto a los esfuerzos individuales. En el ambiente de Internet y la red sienten que están en igualdad y como este es horizontal no les gusta el sistema vertical, de jerarquía. Tienen problemas para aceptar la autoridad, pero a la vez están necesitados de mentores que les dirijan y ofrezcan cierta estabilidad, que les orienten. Están exigiendo el cambio y el desarrollo social de otras generaciones. No quieren que sus actividades se vean limitadas por ningún obstáculo (sin barreras). Quieren aprender, actuar, desarrollar y realizar sus planes sin límite.

• ¿Qué les motiva?

1. Brindarles espacios o programas académicos donde puedan aumentar sus conocimientos. El 89% considera que es importante aprender constantemente en el trabajo.

2. Establecer con ellos metas de desarrollo, tanto las personales como las que le puede brindar la organización. Trabajar en conjunto, teniéndoles en cuenta.

3. Mostrarles estructuras organizacionales más horizontales, y entornos divertidos: no se mueven por el salario sino por el estilo de vida, y eso incluye ambientes que les agraden.

4. Establecer acompañamiento y guía para el desarrollo de sus proyectos. Ocho de cada diez milénicos señalan que necesitan *feedback* de sus mentores o jefes, ya que piensan que sólo así pueden saber cómo están haciendo su trabajo.

5. Hablarles en su mismo lenguaje, con la verdad y explicándoles los porqués. Exigen transparencia.

8.4. Generación Z

Nacidos entre 1994 y 2002, representan el 25,9% de la población mundial. Los Z (llamados así por venir detrás de las generaciones X e Y) han adoptado la tecnología desde su nacimiento, por lo que tienen dependencia de ella. Se han criado en los años de la crisis económica mundial y eso marca su carácter. Les gusta el mundo virtual y quizá por eso tienen menos habilidades interpersonales. Son sociables con quienes les interesa. Son individualistas (no hay dinero, toca sacarse las castañas del fuego como se pueda) pero resolutivos:

confían en su propia persona. No les gusta vivir de acuerdo a las normas sociales. Es en Internet donde abren su mente y expresan sus propias opiniones. Suelen ser malos oyentes porque tienen menos en cuenta la opinión de los demás. Son muy impacientes, desean resultados inmediatos.

La educación y el trabajo desempeñan un papel poco importante en sus vidas ya que no consideran la educación como un medio de supervivencia (han visto que a sus hermanos mayores no les está siendo de mucha utilidad). Son una generación desconfiada (has visto a sus padres perder sus puestos de trabajo; sólo 1 de cada 10 de ellos confían en que el gobierno haga lo correcto). Prevalece la inteligencia y el conocimiento sobre tecnología. Se adaptan de manera extraordinaria a futuras tecnologías como ninguna otra generación es capaz de hacer. Tienen conciencia sobre la ética laboral y social, y le dan menos importancia a la carrera profesional y los estudios formales, sean cuales sean. Su espíritu es más emprendedor. No se conforman con ser sujeto pasivo de marcas y publicaciones, prefieren producir sus propios contenidos (redes sociales, webs...).

- ¿Qué les motiva?

    1. Ofrecerles trabajos que no supongan una dedicación a tiempo completo, y que puedan combinar con sus propios intereses o proyectos personales.

    2. Que se tenga en cuenta su gusto por la personalización, customización: para ellos es importante la búsqueda de la diferenciación.

    3. Hacerles partícipes en los proyectos.

    4. Es fundamental el trabajo en red, conectado: esta generación ha crecido junto con Facebook y el iPhone.

    5. Les motivan las empresas con conciencia social, con valores y conciencia global, preocupadas por el medio ambiente, etc.

La suma total de experiencias, valores e ideas compartidos por personas de diferentes generaciones convierte los entornos laborales en un crisol de enfoques, con sus ventajas y también posibles conflictos. Pueden generarse sentimientos de amenaza, de estancamiento, de limitación… De acuerdo con el estudio *The european world of work* (de Ipsos Public Affairs y Steelcase), la relación que se establece entre las diferentes generaciones en un mismo ambiente laboral se puede detallar en términos generales como «cordial, aunque, como es de esperar, las personas de una generación se sienten mejor integradas con los de su mismo grupo, e igualmente surge una mayor competitividad».

En cualquier caso, la integración de los milénicos es inevitable, por esa fuerza laboral que suponen, así como la de sus hermanos pequeños: solamente en Estados Unidos, esta generación representará en el año 2020 el 40% de fuerza de trabajo y el 75% en 2025, según la Oficina de Estadísticas Laborales de ese país. Además, vienen con habilidades que a toda empresa que piense en el futuro le interesan. Como señala un estudio publicado por Deloitte:

> «En este entorno económico riesgoso, la energía, la inteligencia, su amplio conocimiento y saber hacer con la tecnología, los jóvenes de la generación Y serán esenciales para todas las organizaciones de alto rendimiento».

Pero necesitan tener mentores, a sus hermanos mayores, para que les guíen y centren. Contar con la experiencia laboral y el conocimiento profundo de la X y de los *boomers*… Como decía Jean de la Fontaine, «cualquier poder, si no se basa en la unión, es débil».

9. Cerrar la brecha entre universidad y empresa

Los jóvenes lo tienen muy claro: aunque consideran la formación como una alternativa a la inactividad total (el 63% declara querer seguir estudiando) todos coinciden en las deficiencias de la preparación que generalmente reciben en las aulas (al menos en las nacionales). Opiniones que recoge el estudio *Crisis y contrato social. Los jóvenes en la sociedad del futuro,* elaborado por el Centro Reina

Sofía sobre adolescencia y Juventud. Por un lado, se quejan de la escasa conexión de esa formación con el mundo real del trabajo, problema que se agrava porque el nivel formativo y las cualificaciones son aspectos que cada vez tienen menos en cuenta los empleadores, que valoran más la experiencia o ciertas habilidades blandas o personales.

Además, las cualificaciones académicas, como resalta el informe, a veces resultan inútiles porque la situación laboral presenta un panorama indefinido; eso les obliga a optar por el subempleo, aceptando trabajos por debajo de su preparación con tal de empezar en el mundo laboral. Es más, el 48,6% de los encuestados está dispuesto a aceptar cualquier trabajo, en cualquier condición. No se arrepienten de haber estudiado, el 74% cree que servirá para algo, pero, a la vez, saben que esa formación no les va a facilitar encontrar trabajo. Una vez concluidos sus estudios, el acceso de los jóvenes al mercado laboral resulta un salto excesivo. Así lo vive el 40% de los estudiantes de Formación Profesional y el 60% de los universitarios, en especial quienes terminan ingenierías (66%), Humanidades (59%) y Administración (58%), según el *Informe OIE sobre jóvenes y mercado laboral* del Observatorio de Innovación en el Empleo (OIE).

Este observatorio fue puesto en marcha por Adecco precisamente con la intención de cerrar esa brecha, o al menos, generar puentes entre universidad y empresa. Es una acción interesante porque demuestra que el problema es real, algo de lo que la sociedad, las empresas cada vez son más conscientes. De hecho, ya cuenta entre sus miembros con compañías como Acciona, Agbar, Amadeus, Banco Sabadell, Bankinter, BMW, Capgemini, Coca-Cola, Delaviuda Confectionery Group, EY, Gas Natural Fenosa, Grupo Pascual, IKEA, LG, Línea Directa Aseguradora, L'Oréal, Mahou San Miguel, McDonald's, Pelayo, PSA Peugeot Citroën, Red Eléctrica de España, Sephora, SEUR y Xerox. ¿El objetivo? No ser un espacio de reflexión sino de acción (encuentros formación-empresa, talleres de orientación laboral, jornadas de puertas abiertas, becas…) sobre los principales problemas del mercado laboral en España. Ayudar a los jóvenes a conocer mejor cómo funcionan las empresas, qué buscan o qué valoran de un candidato. Como explica

Margarita Álvarez, secretaria general del OIE y directora de Marketing y Comunicación de Adecco:

> «Estos compromisos que asumimos las 25 empresas que formamos parte del Observatorio son la prueba del cambio que queremos ver en la sociedad. Son fruto de un año de trabajo intenso, en el que hemos abordado uno de los problemas más graves que existe en nuestra sociedad: el empleo juvenil».

Porque su sueño –como el de todos– es «trabajar en lo que me gusta» (52%), «tener el futuro asegurado» (46%) y «ser autosuficiente» (40%). Lo segundo no es viable porque el trabajo seguro es una quimera, pero el primer y tercer deseo sí son factibles si nos movilizamos entre todos. De las generaciones jóvenes se puede aprender, entre otras cosas, su mirada abierta al futuro (el 53% es consciente de que deben prepararse mejor para el futuro, no sólo formarse más y mejor, sino también desarrollar destrezas y habilidades extraacadémicas, y reinventarse permanentemente) y su optimismo: el 60% cree que el desarrollo del ser humano se desenvuelve en un escenario de permanente mejora. Quizá con ellos Amauroto esté un poquito más cerca.

10. Cambio de rol y contenido en las universidades: reto educativo

El epígrafe anterior pierde su sentido si no se empieza a trabajar y a cambiar desde la parte más importante de una sociedad: la educación. La mayoría de los sistemas educativos están, como les ocurre a las empresas, ancladas en el pasado: no dan respuesta a las necesidades actuales y aún menos a las que llegarán. Y si lo intentan, muchas veces no es con la celeridad que exigen estos tiempos acelerados –tecnológicamente hablando–. La universidad (hablo en general) por cercanía, al ser la etapa previa a la incorporación al mundo laboral y por tener a menudo la invitación de acciones como la del OIE y la propia exigencia interna, parece ser más consciente de su necesidad de cambio. No obstante, este cambio, la regeneración y modernización, debiera empezar mucho antes: en los colegios (y mejor en infantil que en primero de primaria).

Al igual que en algún momento del camino se nos olvidó que de pequeños frente al miedo preferíamos aprender a nadar o a montar en bici, hay otras cosas estupendas que tienen todos los niños, como la creatividad, la curiosidad, la inquietud, la imaginación, el riesgo… ¡que se carga el propio sistema educativo tradicional! En cuanto se pasa a primaria esas habilidades, que son justo las que empiezan a exigir hoy en día las empresas, las eliminan a base de obligar a los niños a memorizar, a escuchar, a repetir. Los niños de hoy estudian prácticamente las mismas cosas, y de la misma manera, como estudiaron sus padres ¡y sus abuelos!

Entre los retos a los que se enfrenta la universidad, están los expuestos por el catedrático y exrector de la Universidad Politécnica de Madrid, Javier Uceda:

1. Aumento de la demanda de estudios de educación superior en todo el mundo.

2. Globalización creciente de la educación superior.

3. Presencia creciente de nuevas metodologías docentes.

4. Incorporación creciente de otros agentes no universitarios a la educación superior.

5. Formación a lo largo de toda la vida.

6. Materiales docentes en abierto para igualar la oferta.

7. Aumento de costes y concentración de las actividades de investigación.

8. Alianzas estratégicas entre instituciones de todo el mundo.

9. Aumento de la importancia de la formación para el empleo.

10. Reflexión estratégica de las universidades y sus transformaciones.

La universidad tendrá que distinguir entre los saberes rentables y los saberes indispensables, potenciando experiencias de aprendizaje que combinen continuidad e interacción. El proyecto educativo de la Unión Europea para el año 2020 ha definido como un principio fundamental la conformación de un marco más flexible que incluya aquellos conocimientos y competencias adquiridas tanto en contextos formales como informales. Por lo tanto, ¿por qué no pensar en un paradigma de aprendizaje que recoja lo mejor de cada perspectiva? Una suerte de remezcla *(mashup)* educativa, como la que proponen Moravec y Cobo en el libro *Aprendizaje invisible:*

- Que combine, amplíe y reconozca las experiencias de aprendizaje de los entornos formales, no formales e informales.

- Que incentive el valor del aprendizaje entre pares y a través de comunidades de práctica cara a cara y virtuales.

- Que, más allá del reconocimiento de habilidades y saberes no adquiridos en las instituciones formales, conjugue y valide tanto los conocimientos tácitos como los explícitos.

- Que estimule la creatividad, la innovación y el desarrollo de habilidades no tradicionales.

- Que comprenda que el rigor académico y la calidad no van en detrimento de la flexibilidad y la renovación de los contenidos impartidos.

- Que conciba el aprendizaje como un contínuum que se prolonga durante toda la vida.

- Que estimule habilidades blandas como la colaboración, el trabajo a distancia, la transferencia del conocimiento, la resolución de problemas, etc.

- Que no quede sometida a directrices oligopólicas de generación y uso de ciertas tecnologías para el aprendizaje.

- Que entienda que el aprendizaje puede ocurrir en cualquier momento o lugar.

- Que comprenda la educación como una revolución de las ideas.

- Que estimule la conectividad, la cultura, el remix y la combinación de contextos de aprendizaje.

- Que favorezca el aprendizaje no planeado.

- Que apueste por aprovechar las tecnologías para extraer lo mejor de las capacidades humanas.

11. *Future-proofing:* abrir el diálogo a todos

Con estas y tantas otras reflexiones que surgirán toca, entre todos aquellos interesados en el *presfut of work,* pasar a la acción. Es el momento del *future-proofing,* el «proceso de anticipar el futuro y el desarrollo de métodos para reducir al mínimo los efectos de choque y tensión que puedan provocar los eventos futuros». Generar espacios –o sumarse a los ya existentes, estableciendo enlaces entre sí– donde se promueva el diálogo para aprovechar la diversidad e ideas de todos los ecosistemas. Compartir todos los puntos de vista para aprender unos de otros. Prosperar en el futuro pasa por mantener conversaciones con los colegas, competidores, clientes, accionistas, empleados, proveedores y con los representantes de todos los grupos externos (gubernamentales, instituciones, líderes de pensamiento independientes, etc.) para crear un espacio de confianza desde el que construir un futuro mejor. Sumar voces, acciones a ideas comunes, que sólo serán posibles si partimos desde la proactividad individual.

Nos encontramos.

«Si no piensas en tu porvenir, no lo tendrás».

John Kenneth Galbraith

12. *Soft y Digital Skills*

12.1. ¿Qué habilidades necesitamos (hoy y mañana) para mejorar nuestra empleabilidad?

Para adelantarnos a la automatización –y también para fluir paralelamente con ella cuando nos alcance de manera disruptiva– los profesionales debemos convertirnos en aprendices de por vida. Activar la mentalidad *knowmad* de beta permanente y aprendizaje continuo para no quedarnos nunca obsoletos y por tanto aportar el valor que cada nuevo momento de nuestra vida laboral requiera.

Para ello conviene saber hacía dónde debemos ir creciendo, que en verdad es el viaje de Ítaca que propone este libro. Es el momento de detenerse para profundizar sobre las nuevas habilidades relevantes que se están ya pidiendo en los entornos de trabajo (veremos qué habilidades han sido más requeridas por las empresas a la hora de reclutar y contratar) y cuales serán las que nos exigirán en un futuro cercano. Te adelanto… Todo muy *knowmad* ☺

Es importante primero matizar el famoso estudio de la Universidad de Oxford según el cual «el 47% de las profesiones actuales desaparecerán en los próximos años». A todos nos preocupa saber de qué manera nos afectará el auge de la inteligencia artificial y la robótica, pero los mismos autores de dicho estudio publicado en 2013, los profesores Karl Frey y Michael Osborne, han actualizado recientemente sus conclusiones. Su nuevo estudio, llamado «El futuro de las habilidades: el empleo en 2030», publicado en colaboración con Pearson y la Oxford Martin School (Reino Unido), asegura lo siguiente: tan solo el 8% de los trabajadores tienen ocupaciones que muy probablemente crecerán en los próximos 10-15 años, mientras que el 21% se encuentran en ocupaciones que muy probablemente disminuyan. Veamos los matices: se pierde el imperativo para pasar a «probabilidad» (no hay certezas) si bien en esencia el mensaje se mantiene: casi todos los trabajadores tienen actualmente ocupaciones con futuros muy inciertos.

¿De dónde procede esta matización? De contemplar una serie de variables y tendencias tecnológicas, demográficas, económicas y ambientales más amplias que, paralelamente a la automatización, tendrán profundas implicaciones para el empleo. Hablamos de temas que ya hemos tratado en el libro como pueden ser la globalización o el envejecimiento de la población, y añadiendo otros como la urbanización o el aumento de la economía colaborativa y verde. El mensaje resultante de todo ello es éste: la mayoría de las personas (alrededor del 70%) están en ocupaciones con perspectivas muy inciertas.

¿Qué competencias necesitamos desarrollar para gestionar mejor esta incertidumbre y mejorar nuestra adaptabilidad al cambio? ¿Cuáles son las habilidades que más se demandarán en el futuro? Y mi pregunta favorita (¡ay!): ¿estamos preparados?

Pero antes de mirar hacia delante, comprobemos que es lo que ha cambiado ya.

12.2. Habilidades más solicitadas en las nuevas contrataciones

Basándose en el porcentaje de miembros de LinkedIn que fueron contratados en 2017 para un nuevo trabajo, esta es la lista de las diez habilidades que más apreciaron en ellos las compañías:

1. Comunicación (57,9%)
2. Capacidad organizativa (56,5%)
3. Trabajo en equipo (56,4%)
4. Cumplidor (55,9%)
5. Pensamiento crítico (55,8%)
6. Habilidades sociales (55,8%)
7. Creatividad (55,0%)
8. Comunicación interpersonal (55,0%)
9. Adaptabilidad (54,9%)
10. Personalidad amigable (54,6%)

Quisiera proponerte una reflexión sobre las posiciones 5, 7, 9 y 10. ¡Qué interesante que por fin las empresas quieran entre sus filas a personas no solo creativas (ya sabemos que es el paso previo a la innovación) y adaptables al inevitable y exponencial cambio, sino también con pensamiento crítico! Que se planteen todo lo que ya existe, e incluso que puedan desafiar el status quo de la compañía. ¡Guau! Y además... que seamos personas amigables. No es baladí.. La nueva organización del trabajo (más flexible, colaborativa, redárquica, transparente...) solo puede ser soportada por buena gente. Solo siendo generosos, empáticos y pensando en el bien común seremos capaces de cocrear el entorno de trabajo humanizado y eficiente que necesitamos.

12.3. ¿Y que habilidades necesitaré mañana?

Las habilidades que mayor demanda tendrán en el futuro incluyen habilidades interpersonales, habilidades cognitivas de orden superior y habilidades de sistemas. La fuerza de trabajo futura necesitará un conocimiento amplio, además de las habilidades más especializadas que serán necesarias para ocupaciones específicas (perfil profesional en forma de «T»).

Además de pensar en qué nuevas ocupaciones pueden surgir en el futuro es importante cómo rediseñar ocupaciones actuales para hacer un uso efectivo de las habilidades y los conocimientos. Es decir, cómo podemos evolucionar lo ya existente.

Desde esta perspectiva: ¿Cuáles son algunas estas habilidades? ¿Qué habilidades tiene el profesional *knowmad?* Frey y Osborne, para quienes «la inversión en habilidades debe ser el centro de cualquier estrategia a largo plazo para ajustarse al cambio estructural», han desarrollado un mapa de habilidades, cuyo esquema sería:

1. **Habilidades Básicas:** Capacidades desarrolladas que facilitan el aprendizaje o la adquisición más rápida del conocimiento.

   - Aprendizaje activo: Comprender las implicaciones de la nueva información para la resolución de problemas actuales y futuros y la toma de decisiones.

- Escucha activa: Prestar atención completa a lo que dicen otras personas, tomarse el tiempo para entender los puntos que se están haciendo, hacer preguntas según corresponda y no interrumpir en momentos inapropiados.

- Pensamiento crítico: utilizar la lógica y el razonamiento para identificar las fortalezas y debilidades de las soluciones, conclusiones o enfoques alternativos a los problemas.

- Estrategias de aprendizaje: seleccionar y utilizar métodos y procedimientos de capacitación / instrucción apropiados para la situación al aprender o enseñar cosas nuevas.

- Matemáticas: usarlas para resolver problemas.

- Monitoreo - Monitoreando: evaluando el desempeño propio y de otras personas u organizaciones para realizar mejoras o tomar medidas correctivas.

- Comprensión de lectura: de oraciones y párrafos escritos en documentos relacionados con el trabajo.

- Ciencia: usar reglas y métodos científicos para resolver problemas.

- Comunicación: transmitir información de manera efectiva. Aludiendo a la emoción.

- Escritura: comunicación eficaz por escrito según corresponda a las necesidades de la audiencia.

2. **Habilidades sociales**: capacidades desarrolladas para trabajar con personas para alcanzar los objetivos.

- Coordinación: ajustar las acciones en relación con las acciones de los demás.

- Instrucción y *mentoring:* enseñar a otros cómo hacer algo.

- Negociación: unir a los demás e intentar reconciliar las diferencias.

- Persuasión: a otros para que cambien sus mentes o comportamiento (capacidad de negociación).

- Orientación a servicios: buscar activamente maneras de ayudar a las personas.

- Percepción social: ser consciente de las reacciones de los demás y comprender por qué reaccionan como lo hacen (empatía).

3. **Habilidades de sistemas**: capacidades desarrolladas para comprender, monitorear y mejorar los sistemas sociotécnicos.

  - Juicio y toma de decisiones: teniendo en cuenta los costos y beneficios relativos de las posibles acciones para elegir la más adecuada.

  - Análisis de sistemas: determinar cómo debería funcionar un sistema y cómo los cambios en las condiciones, las operaciones y el entorno afectarán los resultados.

  - Evaluación de sistemas: identificación de medidas o indicadores del rendimiento del sistema y las acciones necesarias para mejorar o corregir el rendimiento en relación con los objetivos del sistema.

4. **Habilidades técnicas**: capacidades desarrolladas para diseñar, configurar, operar y corregir fallas de funcionamiento que involucren la aplicación de máquinas o sistemas tecnológicos.

  - Mantenimiento del equipo: realizar mantenimiento de rutina en el equipo y determinar cuándo y qué tipo de mantenimiento se necesita.

  - Selección de equipos: determinación del tipo de herramientas y equipos necesarios para hacer un trabajo.

  - Instalación: instalación de equipos, máquinas, cableado o programas para cumplir con las especificaciones.

  - Operación y control: control de operaciones de equipos o sistemas.

  - Monitoreo de la operación: ver indicadores, diales u otros indicadores para asegurarse de que la máquina funcione correctamente.

  - Análisis de operaciones: analizar las necesidades y los requisitos del producto para crear un diseño.

- Programación: escribir programas de ordenador para varios propósitos.

- Análisis de control de calidad: realización de pruebas e inspecciones de productos, servicios o procesos para evaluar la calidad o el rendimiento.

- Reparación: reparación de máquinas o sistemas utilizando las herramientas necesarias.

- Diseño de tecnología: generación o adaptación de equipos y tecnología para satisfacer las necesidades de los usuarios.

- Solución de problemas: determinar las causas de los errores de operación y decidir qué hacer al respecto.

Recojamos también el trabajo de los expertos del World Economic Forum, y las que serían las 5 más importantes habilidades del mañana

1. Colaboración *(teamwork)*

2. Destreza digital

3. Entender las reglas y regulaciones

4. Responsabilidad (autogestión)

5. Compromiso *(engagement)*

Te invito a una última reflexión que está relacionada con todo lo anterior: ¿sabes por qué y para qué estás haciendo lo que haces? ¿De qué manera tu labor impacta en los demás? ¿Conecta de algún modo tu propósito de vida con el trabajo que realizas? Porque sólo haciendo algo en lo que realmente creemos y con lo que nos sintamos realizados (ponle tú el sentido que creas más conveniente a la palabra "realización") seremos capaces de estar lo suficientemente motivados para aprender, continuamente, cosas nuevas.

EPÍLOGO

Cerrar un libro escrito por alguien que sabe tanto de un tema es una responsabilidad. Cerrar un libro escrito por alguien a quien aprecias y admiras, un honor.

Y este no es un libro cualquiera: es un libro escrito por alguien que es el reflejo fiel de lo que en él se explica. Hace tres años que Raquel Roca decidió tomar las riendas. O eso dice ella. Pero no es del todo cierto. Raquel es de ese tipo de personas que siempre ha sabido qué hacer y cómo hacerlo. Ha sabido dejar su impronta en todo aquello que ha llevado a cabo. Marcar su huella en cada uno de los puestos que ha desempeñado. Con responsabilidad, respeto y tomando cada reto, cada proyecto, como si fuera suyo. Intentando en cada uno de ellos aprender y ser mejor día tras día. Y eso es lo que ha hecho de ella una gran profesional, una profesional del futuro.

Cada uno de nosotros tiene que encontrar esas cualidades sea lo que sea lo que el destino nos depare.

Las cosas están cambiando tanto que suena raro debatir sobre teletrabajo sí o teletrabajo no en la era de los nómadas digitales; o hablar de estructuras jerárquicas con personas que trabajan bajo el concepto de proyecto, como auténticos *freelance*. Parece de otro siglo valorar el presencialismo en un tiempo en el que se crean *startups* entre personas que físicamente ni se conocen (hablo de un caso real). Es difícil no pensar en un cambio de época cuando vemos movimientos imparables como la economía colaborativa.

Conceptos como la flexibilidad o el balance real entre vida personal y profesional ya han demostrado efectos reales en la productividad de empresas como Best Buy o Capital One.

Las nuevas generaciones (la Y, la X y todas las que quedan por venir) seguirán cambiando las cosas, obligándonos a los mayores a adaptarnos. Por primera vez, con la Gen Y, nos hemos encontrado con jóvenes que tenían mucho que enseñar a los más sénior. Ya no vale el concepto de «escucha y aprende»; ahora todos tenemos mucho que aprender unos de otros; al fin y al cabo unos son nativos digitales y a los demás nos toca aprender de ellos lo más rápido posible ese nuevo mundo que sólo hemos adoptado. Cuando la Generación X entre de lleno en las empresas, lo harán –como dice Joanne Sujansky en su libro *Keeping the Millennials*– como estrategas, como consultores. Vivirán en un mundo en el que el líder será quien más contribuya y tendrán que motivar y recompensar a personas completamente diferentes a ellos por nacionalidad, cultura, educación, etc.

Y, aun así, nos sigue costando. Aun así, como dice Raquel, seguimos con esquemas mentales obsoletos, con dificultades a la hora de romper viejas barreras.

Son muchos los elementos que destacan dentro de los rasgos de personalidad. Pero, si el conocimiento es el nuevo capital, hay dos que me gustaría señalar: la curiosidad, que nos invite a aprender y a creer que las cosas siempre pueden hacerse mejor, y el convencimiento de que cada paso que demos, cada proyecto en el que nos embarquemos, tenemos que ser capaces de disfrutarlo, de sentir y vibrar con ello.

Y, si hablamos de la personalidad de las empresas, que desde luego la tienen, cada vez más hablaremos de sus valores, de su ética, de lo que representan y de cómo de identificados con ellas somos capaces de sentirnos.

Lo que sí que creo que no va a cambiar nunca es la necesidad de ser felices con lo que hagamos. Y, en eso, las nuevas generaciones nos llevan ventaja. Para ellos el éxito será aquello que a cada uno le importe, aquello que más aporte a su proyecto vital. Y, cuando lo que haces a nivel profesional encaja con tu esquema de vida, entonces la magia sucede.

Tiene razón Raquel en que lo importante es que cada uno manejemos nuestra carrera. Que seamos nosotros quienes elijamos el camino. Ya no vale poner en manos de otros lo que somos y lo que creamos. Ya pasaron los tiempos de esperar a ver qué plan de carrera me preparará mi empresa. Hoy, más que nunca, el destino está en nuestras manos. Feliz futuro. Feliz presente.

Margarita Álvarez
Directora de Marketing y Comunicación
de Adecco

«Incluso aquellos que afirman que no podemos hacer nada para cambiar nuestro destino, miran antes de cruzar la calle».

Stephen Hawking

Raquel Roca es licenciada en Periodismo por la Universidad Complutense de Madrid y ha trabajado en diversos medios de comunicación como TVE, Tele5, *Yo Dona, Elle* o Canal Sur, entre otros. Es directora del máster de Gestión del Talento en la Era Digital en LaSalle International Graduate School & LIDlearning y profesora de Plan Estratégico Marca Personal del posgrado de experto en Marketing Digital de IEDE Business School de Madrid y en The Valley Digital School. Además es conferenciante, consultora y docente sobre futuro del trabajo, transformación cultural, competencias digitales, marca personal, *visual thinking,* liderazgo estratégico y *storytelling* para empresas como Microsoft, BBVA, L'Oréal, IKEA, Banco Santander, Volvo, Renaud Picard, Everis… e instituciones como TEDxSevilla, Universidad del Pacífico (Perú), IED, ESADE, ExpocapitalHumano (Chile), Barcelona Activa, entre otras. Destacar que es miembro en The Knowmads Hub (tkmhub.com) y firma invitada de *El País Retina.*

@elazcano

Compartimos conocimiento desde 1993

- 1993 Madrid
- 2008 México DF y Monterrey
- 2010 Londres
- 2011 Nueva York y Buenos Aires
- 2012 Bogotá
- 2014 Shanghái

CPSIA information can be obtained
at www.ICGtesting.com
Printed in the USA
BVHW042117181020
591193BV00021B/762